Quick Guide

Reihe herausgegeben von
Springer Fachmedien Wiesbaden,
Wiesbaden, Deutschland

Quick Guides liefern schnell erschließbares, kompaktes und umsetzungsorientiertes Wissen. Leser erhalten mit den Quick Guides verlässliche Fachinformationen, um mitreden, fundiert entscheiden und direkt handeln zu können.

Dietmar Kilian • Peter Mirski
Britta Lorenz

Quick Guide Sales Enablement

Wie Sie durch die Integration aller kundenbezogenen Aktivitäten die beste Sales Performance erzielen

Dietmar Kilian
PDAgroup/MCI
Innsbruck, Österreich

Peter Mirski
MCI/PDAgroup
Innsbruck, Österreich

Britta Lorenz
PDAgroup
Innsbruck, Österreich

ISSN 2662-9240   ISSN 2662-9259 (electronic)
Quick Guide
ISBN 978-3-658-38384-8   ISBN 978-3-658-38385-5 (eBook)
https://doi.org/10.1007/978-3-658-38385-5

Die Deutsche Nationalbibliothek verzeichnet diese Publikation in der Deutschen Nationalbibliografie; detaillierte bibliografische Daten sind im Internet über http://dnb.d-nb.de abrufbar.

Springer Gabler
© Der/die Herausgeber bzw. der/die Autor(en), exklusiv lizenziert an Springer Fachmedien Wiesbaden GmbH, ein Teil von Springer Nature 2022
Das Werk einschließlich aller seiner Teile ist urheberrechtlich geschützt. Jede Verwertung, die nicht ausdrücklich vom Urheberrechtsgesetz zugelassen ist, bedarf der vorherigen Zustimmung des Verlags. Das gilt insbesondere für Vervielfältigungen, Bearbeitungen, Übersetzungen, Mikroverfilmungen und die Einspeicherung und Verarbeitung in elektronischen Systemen.
Die Wiedergabe von allgemein beschreibenden Bezeichnungen, Marken, Unternehmensnamen etc. in diesem Werk bedeutet nicht, dass diese frei durch jedermann benutzt werden dürfen. Die Berechtigung zur Benutzung unterliegt, auch ohne gesonderten Hinweis hierzu, den Regeln des Markenrechts. Die Rechte des jeweiligen Zeicheninhabers sind zu beachten.
Der Verlag, die Autoren und die Herausgeber gehen davon aus, dass die Angaben und Informationen in diesem Werk zum Zeitpunkt der Veröffentlichung vollständig und korrekt sind. Weder der Verlag, noch die Autoren oder die Herausgeber übernehmen, ausdrücklich oder implizit, Gewähr für den Inhalt des Werkes, etwaige Fehler oder Äußerungen. Der Verlag bleibt im Hinblick auf geografische Zuordnungen und Gebietsbezeichnungen in veröffentlichten Karten und Institutionsadressen neutral.

Lektorat/Planung: Imke Sander
Springer Gabler ist ein Imprint der eingetragenen Gesellschaft Springer Fachmedien Wiesbaden GmbH und ist ein Teil von Springer Nature.
Die Anschrift der Gesellschaft ist: Abraham-Lincoln-Str. 46, 65189 Wiesbaden, Germany

Vorwort

> **Sales Enablement:** Mit kraftvoller Integration aller Kundenaktivitäten zur besten Sales Performance Ihres Unternehmens

In Zeiten großen Wandels ist es besonders wichtig, laufend Chancen zu identifizieren und sofort Risiken so zu adressieren, dass die Unternehmensstrategie und deren Umsetzung kraftvoll angepasst und umgesetzt werden kann. Das ist natürlich leichter gesagt als getan. Der ständige Wandel und damit auch der Druck, der auf Unternehmen zukommt, lässt sich insbesondere in Zeiten der Pandemie deutlich spüren, und wirft die Frage auf, wie die Anpassung in Unternehmen vonstattengehen soll. Beginnend mit der Frage nach der passenden Unternehmensstrategie und der richtigen Taktik um wettbewerbsfähig bleiben zu können. Gefolgt von Gestaltungsfragen der Unternehmensorganisation und Mitarbeiterentwicklung, der Orientierung an aktuellen Themen wie der Nachhaltigkeit und insbesondere der Herausforderung durch die Digitalisierung.

Wir wollen in diesem Buch einen Beitrag leisten und auf die Chancen eingehen, die sich durch einen optimierten Vertrieb Ihrer Produkte und Dienstleistungen ergeben. Dieser Aspekt einer aktiven Unternehmensgestaltung bleibt tatsächlich häufig auf der Strecke und wird erst dann beleuchtet und gestaltet, wenn alle anderen strategischen Entscheidungen bereits getroffen sind. Wir sind der Meinung, dass gerade der Vertrieb und die Orientierung der Unternehmung an Vertriebsprozessen von besonderer Bedeutung für Erfolg und Wachstum sind. Wir wollen aufzeigen, welcher Gestaltungsaufwand betrieben werden muss, um einen auf den Kunden und deren Kaufentscheidung optimal ausgestaltete Vertriebsorganisation zu etablieren, und dadurch entscheidende Wettbewerbsvorteile generieren zu können.

Innsbruck
Juli 2022

Peter Mirski
Dietmar Kilian
Britta Lorenz

Danksagung

Unsere Danksagung gilt dem gesamten Team der PDAgroup, das trotz der schwierigen Zeiten, in denen wir das Thema Sales Enablement gemeinsam mit unseren Kunden weiterentwickelt und etabliert haben, unglaublich motiviert und zielgerichtet unser Motto „enabling sales performance" leidenschaftlich gelebt hat!

Wir sind sehr beeindruckt, stolz und freuen uns gewaltig, mit euch gemeinsam an unserem Projekt arbeiten zu dürfen!

Britta, Peter & Dietmar
Innsbruck, Juli 2022

Inhaltsverzeichnis

1 **Hintergrund und Motivation** 1
  1.1 Einflussfaktoren auf Vertrieb und Vertriebsprozesse 2
      1.1.1 Digitalisierung im Allgemeinen und deren Grundkonzepte 2
      1.1.2 Veränderte Arbeitsbedingungen in Unternehmen – und die Erwartungen von Kunden 5
      1.1.3 Veränderte Kompetenzprofile 6
  1.2 Die Strategie: Sales Enablement als Führungsaufgabe 9
      1.2.1 Das Gesamtmodell der strategischen Unternehmensführung 9
      1.2.2 „Open Strategy" 11
      1.2.3 Vertriebsstrategie 12
      1.2.4 Vertriebskennzahlen und Analytics 14
      1.2.5 Closing the Loop – oder wie man Vertriebserfahrungen wieder in die Strategie bringt 15
  1.3 Der Sales-Enablement-Prozess 15
  1.4 Der Innovations- und Initiationsprozess im Design-Thinking-Format 18
  1.5 Ein Ausblick – was die Zukunft bringt 25
  Literatur 27

2 Sales Enablement im Überblick — 29
- 2.1 Definitionen & Customer First — 30
- 2.2 Sales-Enablement-Strategie — 34
- 2.3 Prozesse, Training und Sales Coaching — 36
- 2.4 Content & Content-Erstellung — 37
- 2.5 Tools & Technologie — 38
- 2.6 Sales-Enablement-Charta — 39
  - 2.6.1 Überblick historische Entwicklung — 42
  - 2.6.2 Der Weg vom Problemlöser zum strategischen Partner im Unternehmen — 45
  - 2.6.3 Effizienz- und Effektivitätssteigerung durch Customer First — 48
- 2.7 Praxisbeispiel — 51
  - 2.7.1 Mögliche Ausgangssituation — 51
  - 2.7.2 Problemidentifikation der Ausgangssituation — 52
  - 2.7.3 Lösungsansätze des Sales Enablements — 53
  - 2.7.4 Ausblick und weitere Schritte — 53
  - 2.7.5 Sales-Enablement-Charta für das Praxisbeispiel — 55
- Literatur — 57

3 Der praktische Start in Sales Enablement — 59
- 3.1 Der Verkaufsprozess angepasst an das Kundenverhalten — 60
- 3.2 Sales-Enablement-Canvas — 62
- 3.3 Evaluation des Status quo – Relevante Faktoren — 63
- 3.4 Schaffung der richtigen Voraussetzungen — 66
- 3.5 Weiterbildung, Training & Coaching — 67
- 3.6 Technologie & Tools — 73
- 3.7 Content strukturieren und anbieten — 83
- 3.8 Ein konkretes Beispiel — 85
- Literatur — 89

4 Hybrider Vertriebsansatz & Sales Enablement — 91
- Literatur — 98

5 Zusammenfassung und Ausblick 101

Anhang 105

Abbildungsverzeichnis

Abb. 1.1 DigComp-Rahmenwerk der EU, PDAgroup GmbH (eigene Darstellung)   7
Abb. 1.2 Das Gesamtsystem der strategischen Unternehmensführung, PDAgroup GmbH (eigene Darstellung)   10
Abb. 1.3 Strategieprozess, PDAgroup GmbH (eigene Darstellung)   13
Abb. 1.4 Selbsteinschätzung Ihres Unternehmens, PDAgroup GmbH (eigene Darstellung)   13
Abb. 1.5 Der Sales-Enablement-Prozess, PDAgroup GmbH (eigene Darstellung)   16
Abb. 1.6 Foto Workshop, PDAgroup GmbH (eigene Darstellung)   24
Abb. 1.7 KI im Marketing und Sales, PDAgroup GmbH (eigene Darstellung)   26

Abb. 2.1 Sales-Enablement-Übersicht, PDAgroup GmbH (eigene Darstellung)   34
Abb. 2.2 Sales Enablement, PDAgroup GmbH (eigene Darstellung)   35
Abb. 2.3 Historische Entwicklung, PDAgroup GmbH (eigene Darstellung)   43

Abb. 3.1 Der Enablement-Prozess, PDAgroup GmbH (eigene Darstellung) 61
Abb. 3.2 Sales-Enablement-Canvas, PDAgroup GmbH (eigene Darstellung) 64
Abb. 3.3 Account Growth Workshop, PDAgroup GmbH (eigene Darstellung) 86
Abb. 4.1 Change, PDAgroup GmbH (eigene Darstellung) 94

Tabellenverzeichnis

Tab. 2.1	Darstellung Sales Enablement	33
Tab. 2.2	Raten	46
Tab. 2.3	Säulen einer Sales-Enablement-Strategie	54
Tab. 2.4	Sales-Enablement-Charta	56

1

Hintergrund und Motivation

> **Was Sie aus diesem Kapitel mitnehmen**
> - Überblick und Hintergrund zum Sales Enablement: Warum der Wandel im Vertrieb notwendig ist
> - Die tragenden Säulen des Sales Enablements
> - Ausblick auf die weitere Entwicklung

Es wäre viel zu pauschal zu behaupten, dass der Vertrieb in den meisten Unternehmen nicht optimal funktioniert. Jedoch zeigt unsere Beratungspraxis, dass tatsächlich oft wesentliches Potenzial verschenkt wird. Eine gute Erklärung dafür ist, dass wir im Mittelstand häufig eine nach gewachsenen und bestehenden Strukturen gestaltete Vertriebspraxis vorfinden. Diese ist allerdings viel zu wenig an den heutigen Kundenerwartungen ausgerichtet.

Tatsächlich kann man sagen, dass wir heute unter dem Einfluss wesentlicher Faktoren stehen, die sich in den Jahren und sogar Monaten so rasant verstärkt haben, dass Vertriebsstrukturen nahezu zwangsläufig einem hohen Veränderungsdruck ausgesetzt sind. Insbesondere deswegen, weil sich Kundenerwartungen und das Einkaufsverhalten erheblich verändert haben.

Wir gehen in diesem Kapitel kurz und prägnant auf diese Faktoren ein und legen damit die Grundlage für unsere ganzheitliche Betrachtung der Unternehmensgestaltung. Wir stellen somit „Sales Enablement" als Rahmenkonzept in den Mittelpunkt dieses Buches und wollen damit einen holistischen Ansatz präsentieren, dessen Verständnis bei der aktiven Veränderung von Vertriebsaktivitäten sehr hilfreich ist. Gleichermaßen wollen wir zeigen, welche Methoden und Herangehensweisen aus unserer Sicht besonders erfolgversprechend sind und wie diese angewendet werden können.

Zu diesem Zweck macht es Sinn, den gesamten Vertriebsprozess zu analysieren, auf die Probe zu stellen und kritisch zu hinterfragen, ob und an welchen Stellen den neuen Rahmenbedingungen sowie der Digitalisierung unserer Gesellschaft entsprechend Rechnung getragen wird. Der vorliegende Quick Guide „Sales Enablement" will eine sinnvolle Unterstützung sowohl bei der Analyse als auch bei der Umsetzung sein.

1.1 Einflussfaktoren auf Vertrieb und Vertriebsprozesse

Selbstverständlich kann ein Umfeld, das durch veränderte Produktionsmöglichkeiten ein verändertes Konsumverhalten und eine Veränderung in der persönlichen Arbeits- und Freizeitgestaltung geprägt ist, keinesfalls ohne Auswirkungen auf Vertriebsprozesse bleiben. Im Folgenden wollen wir einzelne Faktoren herausgreifen und deren Vertriebsbezug zueinander beleuchten.

1.1.1 Digitalisierung im Allgemeinen und deren Grundkonzepte

Wenn wir über Digitalisierung sprechen, ist das oftmals eine Allgemeinposition, die zwar übersichtlich und strukturiert ist, uns aber dennoch mit einigen Fragen zur operativen Umsetzung und Verwendung zurücklässt.

„[Durch] Digitalisierung [können] Geschäftsmodelle, Prozesse, Produkte, Projekte und Dienstleistungen implementiert werden, die auf Software-Lösungen basieren. Die Software-Lösungen interpretieren hierbei die Semantik der ausgetauschten Daten. Damit übernimmt Software auch Aufgaben, die zuvor der Mensch bearbeitet hat. Bei der Digitalisierung spielen die Daten von und die Interaktion mit Marktteilnehmern eine herausragende Rolle. Die Gestaltung von Gesellschaft und Arbeitswelt sowie der Schutz von Privatheit und die Sicherheit von Anwendungen sind die Herausforderungen der Digitalisierung." (Barton et al. 2018, S. 4)

Ganz unabhängig davon, dass Definitionen im Wesentlichen Positionen beschreiben und keine Handlungsanleitungen sein wollen, möchten wir auf die Frage eingehen, was Digitalisierung für den Vertrieb bedeutet und im Weiteren die Zusammenhänge beschreiben und darstellen. Hinter dem Digitalisierungsbegriff, der die Veränderung von Produktion bis hin zum Kaufverhalten und Konsum beschreibt, stecken vor allem folgende Faktoren, die besonders beachtenswert sind, wenn es um zunächst strategische, aber umso mehr operative Entscheidungsfindung für die Gestaltung des Vertriebs geht.

„Denn wir schaffen sie [die Digitalisierung] mit unserem Handeln oder eben auch unserer Untätigkeit. Wir müssen uns ihrer also bewusstwerden und die immer drängendere Frage stellen: Wie wollen wir die digitale Transformation gestalten? Denn Digitalisierung ist weder gut noch schlecht und schon gar nicht neutral." (Piallat 2021, S. 9)

Die fünf Domänen der digitalen Transformation fasst beispielsweise Rogers (2017, S. 8) sinngemäß wie folgt zusammen: in die *Veränderungen der Kunden, der Wertschöpfung, des Wettbewerbs, der Daten und der Innovationen*. Die Autoren Oswald und Krcmar gehen in einer abstrakteren Form auf vier wesentliche Charakteristika der Digitalisierung ein: Sie ist charakterisiert durch ihre *Unausweichlichkeit insbesondere durch ihre wirtschaftlichen Vorteile*, zweitens ihre *Unumkehrbarkeit* – weil mittlerweile wesentliche Bereiche in unserer Gesellschaft nicht mehr ohne digitalisierte Prozesse vorstellbar sind, drittens ihr unglaublich *schnelles Voranschreiten* und letztlich auch durch die Unsicherheit der *tatsächlichen Umsetzung der Transformation* in deren Detail (Oswald 2018, S. 7–9).

Wenn wir die grundlegenden Änderungen für den Vertrieb zusammenfassen, sind es aus unserer Sicht folgende maßgebliche Paradigmenänderungen, auf die der neue, der digitale Vertrieb zu achten hat.

- Die Kommunikation zwischen Interessent:innen und Unternehmen ist multidirektional und kann wesentlich besser dokumentiert werden. Das bedeutet, dass die Kommunikation von Kund:innen untereinander, aber auch mit Unternehmen – sei es aktiv durch direkte Beiträge in Social Media, Bewertungsplattformen etc., oder indirekt über das reine Such- oder Klickverhalten dem Marketing und Vertrieb sehr viel Informationen und auch Aufschluss über Bedürfnisse, Wünsche und Präferenzen ermöglichen. Es ist heute nicht mehr das Unternehmen, das die Informationshoheit über dessen Dienstleistungen und Produkte hat, sondern die interessierte Allgemeinheit, die Community. Es darf an dieser Stelle aber auch darauf hingewiesen werden, dass die Interpretation von Kontaktpunkten nicht unproblematisch ist (…). „So ist etwa ‚Data Veracity', die Glaubwürdigkeit bzw. der Realitätsgehalt von Online-Daten, mittlerweile ein ernsthaftes Problem für die Funktionsfähigkeit von Big Data" (Binckebanck und Elste 2016, S. 552).
- Kund:innen haben es leichter denn je, sich auf Empfehlungen anderer zu verlassen und mit anderen darüber in Dialog zu treten.
- Produktionsmethoden erlauben es mehr denn je, die Vorteile einer Massenproduktion mit einer individuell angepassten Herstellung zu kombinieren. Prototypen und kleinere Testprodukte sind leichter, schneller und in kleineren Chargen herstellbar.
- Geschäftsmodelle sind stärker diversifiziert als je zuvor. Insbesondere die Möglichkeit, sich mit weiteren Produzenten oder Dienstleistern rasch und unkompliziert zu vernetzen und Kund:innen über gemeinsame Plattformen Dienstleistungen oder Produktkombinationen anzubieten, sich dabei Bälle zuzuspielen und Gewinne zu teilen, ermöglicht die Gestaltung völlig neuer Einkaufserlebnisse und damit eine neue Art der Kundenbindung und Wertschöpfung. Digitale, Smart Contracts, und/oder die Bezahlung durch Kryptowährungen, unterstützen solche Kooperationen zunehmend.

Vertriebskanäle werden immer stärker miteinander in Verbindung gebracht und sollen auf diese Weise ein einheitliches Kauf- und Konsumerlebnis sicherstellen – Stichwort Omni-Channel-Vertrieb, bei der Interessent:innen zwischen bzw. aus im Idealfall aufeinander abgestimmten Vertriebskanälen wählen können.

Nachdem obige Veränderungen nahezu ausschließlich auf Basis deutlich verbesserter Datenlage beruhen und erst aufgrund einer solchen funktionieren können, ist es uns wichtig, an dieser Stelle eine kurze Begriffsklärung anzuschließen, die einen klareren Blick auf die Sachlage ermöglicht.

> **Daten, Informationen, Wissen;** Wir unterscheiden zunächst einmal reine Daten und Informationen, Daten stellen lediglich Fakten dar und stehen noch in keinem Kontext, haben keine Bedeutung. Erst in einem Kontext sprechen wir dann von Informationen – und erst wenn wir aus den Informationen Vergleiche und Schlussfolgerungen ziehen können oder Handlungen ableiten, sprechen wir von Wissen. Wenn man dann noch einen Schritt in der tieferen Erkenntnis weitergehen will, kann von Weisheit gesprochen werden (Ackoff RL, 1989, From data to wisdom).

Die Bearbeitung von Daten, um daraus Informationen, Wissen und vorausschauende kreative Entscheidungen treffen zu können, ist in jedem Fall ein arbeitsintensiver und auch langwieriger Prozess und braucht unbedingt klare Vorgaben, Ziele und Ressourcen. Die entscheidende knappe Ressource ist dabei nicht etwa technischer Natur, sondern ist vielmehr die Expertise von entsprechend ausgebildeten Fachkräften.

1.1.2 Veränderte Arbeitsbedingungen in Unternehmen – und die Erwartungen von Kunden

Die Arbeitswelt hat sich in den letzten Jahren – aber insbesondere durch die Pandemie – deutlich verändert und damit auch die Zusammenarbeit innerhalb von Unternehmen mit neuen Gegebenheiten konfrontiert.

- Es entstehen neue Berufsbilder,
- es entstehen neue Arbeitsformen
- und damit verbunden auch ein adaptierter Recruitingprozess – die Ansprache und Einstellung neuer Mitarbeiter:innen für Aufgaben im Vertrieb.

1.1.3 Veränderte Kompetenzprofile

Es ist offensichtlich, dass die so genannte „Digital Literacy", die Fähigkeit sich in der digitalen Welt zurechtzufinden, heutzutage eine Grundvoraussetzung zur Bewältigung wesentlicher Arbeiten in Unternehmen darstellt. Gleichzeitig ist es immer noch nicht selbstverständlich, dass Verkaufs- ebenso wie Einkaufsteams flächig über diese Kompetenzen verfügen. Um einen ersten Eindruck über den Status-quo des Verkaufsteams zu erhalten, wollen wir jedenfalls darauf hinweisen, wie wichtig es ist, zu Beginn eines SE-Prozesses eine Kompetenzlandkarte des Verkaufsteams zu erstellen und darauf aufbauend die notwendigen Kompetenzen zu entwickeln. Hier gibt es in Europa zahlreiche, teilweise auch öffentlich finanzierte Programme, die die Grundvoraussetzung für einen reibungslosen Ablauf darstellen.

> Das DigComp-Rahmenwerk (Abb. 1.1) der Europäischen Union wurde geschaffen, um insbesondere digitale Kompetenzen standardisiert zu beschreiben (Comm/dg/unit NaN (2022)). Der österreichische Verein „fit4internet" hat unter der Schirmherrschaft des Wirtschaftsministeriums die Aufgabe übernommen als Plattform zur Steigerung der digitalen Kompetenz in Österreich zu dienen (https://www.fit4internet.at/view/verein). Im Rahmen dieses Prozesses wurde sowohl die österreichische Anpassung als auch eine kostenlose Kompetenzüberprüfung entwickelt, dessen Ergebnis dann in einem Kurzbericht zusammengefasst wird.

Im Wesentlichen werden folgende sechs Bereiche zur digitalen Kompetenz gezählt und im Weiteren in verschiedene, insgesamt acht, Niveaustufen unterteilt (Fit4internet 2022).

Abb. 1.1 DigComp-Rahmenwerk der EU, PDAgroup GmbH (eigene Darstellung)

1. Grundlagen und Zugang (Konzepte verstehen und Geräte bedienen)
2. Umgang mit Informationen und Daten (Recherchieren, Bewerten und Verwalten von Daten)
3. Kommunikation und Zusammenarbeit (Kommunizieren, Einkaufen und Verkaufen, Digitale Technologien für die gesellschaftliche Teilhabe verwenden, angemessene Ausdrucksformen verwenden, die digitale Identität gestalten)
4. Kreation digitaler Inhalte (Digitale Inhalte entwickeln, solche integrieren und neugestalten, Werknutzung und Lizenzen verstehen, Programmieren und Abläufe automatisieren)
5. Sicherheit (Geräte schützen, Daten schützen, Gesundheit und Wohlbefinden schützen, Umwelt schützen)
6. Problemlösen und Weiterlernen (Technische Probleme lösen, Bedürfnisse und technologische Antworten darauf erkennen, kreativ mit digitalen Technologien umgehen)

Besonders interessant für den Vertrieb ist neben den aufbauenden Kenntnissen im Bereich der Grundlagen, die Bereiche der Kommunikation und Zusammenarbeit, sowie die Kreation digitaler Inhalte, auf die wir kurz eingehen wollen. Denn die Teilkompetenzen der Bereiche drei und vier liegen unmittelbar im Arbeitsbereich des aktiven Vertriebs.

Diese wären im Bereich der Kommunikation und Zusammenarbeit:

- Mithilfe digitaler Technologien kommunizieren
- Mithilfe digitaler Technologien Daten und Informationen teilen und zusammenarbeiten
- Digitale Technologie für die gesellschaftliche Teilhabe verwenden
- Ein- und Verkäufe durchführen
- Angemessene Ausdrucksformen verwenden
- Die digitale Identität gestalten

Entsprechend der oben angeführten Quelle des Vereins fit4internet sind die im Bereich der Kreation digitaler Inhalte folgende Teilkompetenzen von Wichtigkeit:

- Digitale Inhalte entwickeln
- Digitale Inhalte integrieren und neu erarbeiten
- Werknutzungsrechte und Lizenzen
- Programmieren und Abläufe automatisieren

> **Tipp**
>
> Wir empfehlen an dieser Stelle ebenfalls eine Überprüfung vorzunehmen, die in diesem Fall aus einem Zusammenspiel einer Selbsteinschätzung und eines Quiz stattfindet.
> Wenn Sie Ihre bzw. die digitalen Kompetenzen Ihres Teams einfach und effizient überprüfen wollen, empfehlen wir folgenden Einstufungstest, der einen guten Überblick und Standpunkt verorten kann: https://www.fit4internet.at/page/assessment/

Daraus abgeleitet können, den Anforderungen und den bestehenden Kompetenzen entsprechend, Ausbildungen, Schulungsangebote oder Trainings bzw. Coachings zusammengestellt werden. Das ist dann die Grundlage eines im digitalen Umfeld agierenden Vertriebsteams, das in Abstimmung mit unternehmensinternen Fachabteilungen agieren kann.

1.2 Die Strategie: Sales Enablement als Führungsaufgabe

Die strategische und operative Führung eines Unternehmens ist aus unserer Sicht, auf die Anforderungen von Sales Enablement fokussiert, in fünf dafür wesentliche Prozesse einzuteilen:

- Externe Betrachtung zum Beispiel Umweltfaktoren, Konkurrenz, Gesellschaft, Digitalisierung und deren Einschätzung
- Interne Betrachtung der bestehenden Organisationsformen, Abläufe und Abstimmungen im Unternehmen und deren Einschätzung
- Daraus abgeleitet, die Ausrichtung des Unternehmens auf eine sinnvolle und zu gestaltende Form. Dies ist der gestalterische Teil der Arbeit an der hier besprochenen Sales-Enablement-Strategie.
- Und wiederum daraus abgeleitet, die kontinuierliche interne (Um) Gestaltung des Unternehmens und Anpassung auf die sich ändernden Bedingungen.
- Letztlich die Kontrolle, eigentlich besser die Überprüfung der erreichten Umgestaltung und deren dynamische Anpassung auf die sich laufend verändernde Umwelt.

Die externe Betrachtung meint insbesondere die klassische – aber in diesem Fall auf Kommunikation, Marketing und Vertriebsaktivitäten achtende Umweltanalyse. Wir können diesen Prozess beispielsweise mit Hilfe der PESTEL-Analyse durchführen und uns dann mit dem Abgleich zur eigenen Unternehmung beschäftigen. Als einfaches, aber besonders gut zu verwendendes Werkzeug, bietet sich hierfür die Stärken-und-Schwächen-Analyse an, die die internen Fähigkeiten mit den von außen auf die Unternehmung wirkenden Kräfte in Beziehung bringt.

1.2.1 Das Gesamtmodell der strategischen Unternehmensführung

Das Gesamtmodell der strategischen Unternehmensführung in Anlehnung an Hinterhuber (2011, S. 7) zeigt den Zusammenhang zwischen unternehmensinterner Organisation und zu gestaltenden unternehmensexternen Einflussfaktoren auf (Abb. 1.2). Die äußerste Schicht zeigt die Einstellung von Angestellten, Lieferanten, strategischen Partnern, der Gesellschaft mit beispielsweise der Forderung nach nachhaltigem Wirtschaften und den Anteilseignern sowie den Kund:innen und einer möglichen Weiterempfehlung. Die Schicht wird über das Leadership, die Führung in die Unternehmung getragen und entsprechend interpretiert sowie operationalisiert. Denn die Unternehmung selbst wird gesteuert von der Vision, die sich in der Unternehmenspolitik, oder auch der Mis-

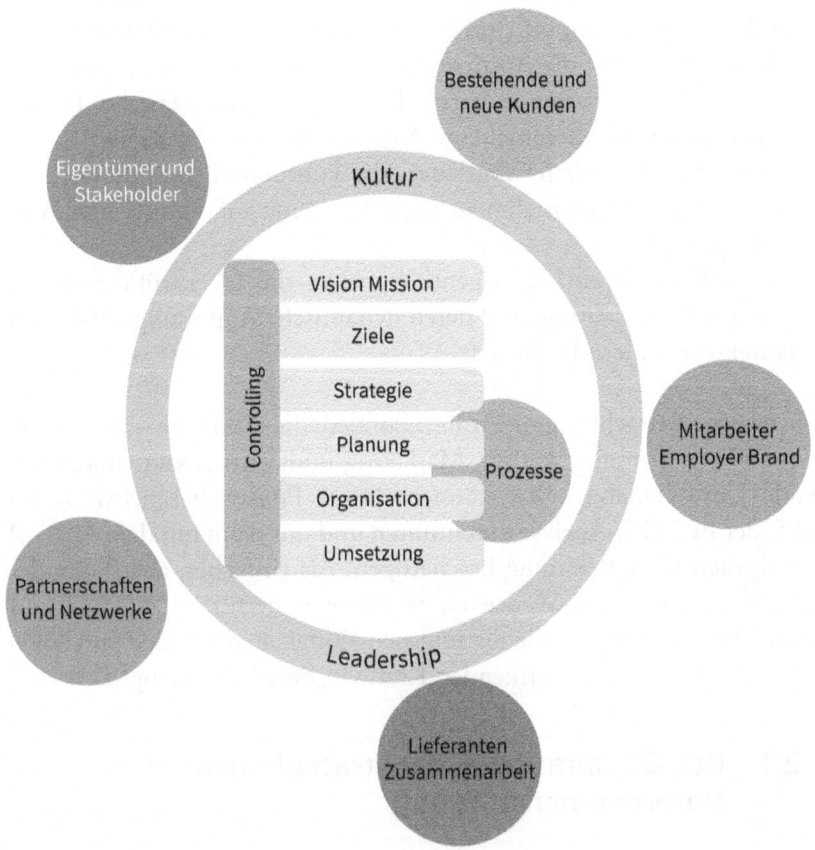

Abb. 1.2 Das Gesamtsystem der strategischen Unternehmensführung, PDAgroup GmbH (eigene Darstellung)

sion bzw. dem Leitbild ausdrückt. Daraus wird die Strategie abgeleitet, die in die jeweiligen Teilstrategien getrennt wird, damit Fach- oder Produktbereiche ihren Beitrag zum Gesamterfolg besser einbringen können. Aktionspläne werden in der Organisation umgesetzt und im Weiteren über das Controlling zurückgespielt. So entsteht eine lernende, agile Organisation.

1.2.2 „Open Strategy"

Stadler und Matzler et al. gehen in ihrem Buch „Open Strategy. Mastering Disruption from outside" auf Möglichkeiten ein, die unternehmerische Strategie zu entwickeln, insbesondere dann, wenn es um die Außensicht auf das Unternehmen geht und die Frage beantwortet werden muss, ob sich das Unternehmen grundlegend zu verändern hat bzw. ob externe Einflüsse in erheblichem Maß Auswirkung auf die Unternehmensentwicklung haben. Hier zeigen die Autor:innen auf, welche wirksamen Möglichkeiten zur Verfügung stehen, sich aus der oft im Unternehmen entstandenen oft auch nur scheinbaren Sicherheit herauszubewegen und neue Impulse strukturiert zu integrieren. (Stadler et al. 2021)

Ohne weiter auf Details eingehen zu können, empfehlen wir die Literatur zur Offenen Strategie wärmstens. Denn der besondere Rahmen in dem wir unser Thema Sales Enablement aufgreifen und dann weiterentwickeln, ist ja gerade die Zeit, in der die Digitalisierung einen starken Einfluss hat und – dies ist hier von tragender Bedeutung – interne sowie externe Abläufe in Unternehmen derzeit verändern können, dass eine Disruption sehr wahrscheinlich oder sogar unausweichlich ist. Das Bemerkenswerte ist dabei, dass die Notwendigkeit zur Veränderung oft unterschätzt oder falsch eingestuft wird, und die Zeichen der Zeit übersehen werden.

In den von uns im Weiteren vorgeschlagenen Modellen gehen wir davon aus, dass die Unternehmen eine entsprechende Sales-Strategie gefunden und entwickelt haben und darüber hinaus auch Prozesse und Mechanismen verwenden, um in geeigneter Weise die Weiterentwicklung und Adaptierung der Strategie zu forcieren.

Sobald dieses interne – und auch von außen inspirierte – System etabliert ist, können dann Rückmeldungen aus dem Kennzahlensystem ebenso wie Analysen, die wir aus Verkaufsgesprächen, oder beispielsweise erfolgten Einführungen der verkauften Produkte oder Dienstleistungen zurückgespielt werden und damit zur Weiterentwicklung der Unternehmung beitragen.

Gerade diese große Kraft, einen neuen Kurs zu steuern und alle notwendigen Änderungen und Indizien zeitgerecht einholen zu können, ist der erstrebenswerte Zustand, den wir durch das Sales Enablement erreichen wollen.

1.2.3 Vertriebsstrategie

> **Beispiel**
>
> Beginnen wir mit einer kurzen Geschichte: Ein Unternehmen, das schon viele Jahre erfolgreich auf dem Markt positioniert ist, hat keine explizit formulierte Strategie. Nachdem im Vertrieb ein Generationswechsel bevorstand und eine neue Leitung bestellt wurde, richtet sich die junge Verkaufsleitung an die Eigentümer und fragt nach, um in der Lage zu sein, die Vertriebsaktivitäten daraufhin auszurichten und besser zu verstehen, worauf bei der Gestaltung geachet werden müsse und wie sich das Tun auf das Gesamtunternehmen auswirken würde. Schließlich, meint die Verkaufsleitung, sei das „state-of-the-art".

- Welche Fragen beantwortet eine Strategie und warum ist diese so wichtig?
- Wie kommt man zu einer Strategie?
- Wie misst man, ob sich der eingeschlagene Weg richtig entwickelt?

Der Strategieprozess (Abb. 1.3) bedarf einer ständigen Weiterentwicklung, denn wie Hinterhuber Moltke zitiert, ist Strategie „die Fortbildung des ursprünglich leitenden Gedankens entsprechend den stets sich ändernden Verhältnissen" und der ursprünglich leitende Gedanke wiederum basiert auf den Kernkompetenzen einer Unternehmung.

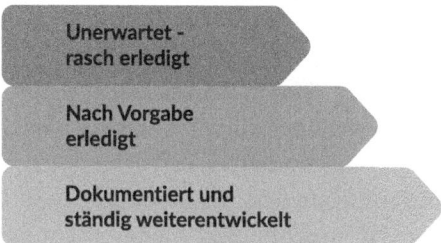

Abb. 1.3 Strategieprozess, PDAgroup GmbH (eigene Darstellung)

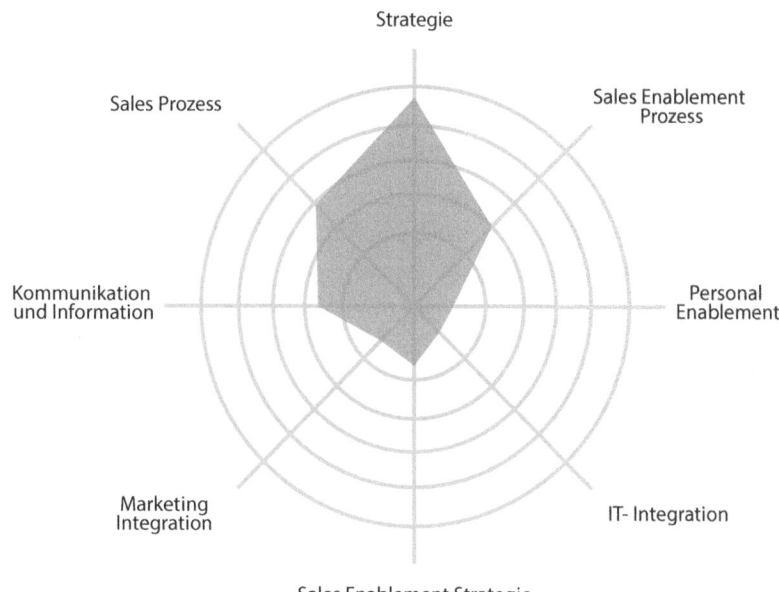

Abb. 1.4 Selbsteinschätzung Ihres Unternehmens, PDAgroup GmbH (eigene Darstellung)

Beginnen wir mit einer kurzen Selbsteinschätzung Ihres Unternehmens nach folgendem Muster: Dabei geht es darum, eine erste Einschätzung zu machen und den aktuellen Stand hier einzutragen (Abb. 1.4). Am Ende eines jeden Kapitels können Sie das Potenzial eintragen, von dem Sie meinen, dass es für Ihr Vorhaben ein sinnvolles Streckziel sein könnte.

1.2.4 Vertriebskennzahlen und Analytics

Daten – Informationen – Wissen – Entscheidungen
Die Wirkkraft von Kennzahlen wird oft unterschätzt. Darüber hinaus verblendet die Verwendung tradierter Vertriebszahlen nicht selten einen notwendigen Veränderungsprozess. Insbesondere, weil bisherige Zahlen, wenig über ein neues, in unserem Fall digitales, Umfeld, aussagen können. Gute Kennzahlen haben das Unternehmen zumeist viele Jahre hinweg begleitet und integrieren die Erfahrungen, die das Vertriebsteam in bestehenden Märkten und Kunden gemacht hat. Die Vorhersagen und Planungen wurden im Lauf der Zeit angepasst und damit zu einem zuverlässigen Begleiter der Unternehmens- aber auch der Vertriebssteuerung. Sämtliche Stakeholder eines Unternehmens (Gesellschaft, Mitarbeiter:innen, deren privates Umfeld, Lieferant:innen, Geschäftspartner:innen …) bauen ihr Vertrauen auf diese Informationen und Daten auf. Dabei ist es völlig normal, sich auf diese Ergebnisse bzw. Informationen zu verlassen, natürlich auch in der Hoffnung, dass die eigenen, bisherigen Entscheidungen, die richtigen waren. Es geht dabei vielfach darum, sich für eine Unternehmenskooperation oder ein Produkt entschieden zu haben. Sei es eben als Mitarbeiter:in, als Lieferant:in oder Geldgeber:in, es werden Entscheidungen von Stakeholdern, die auf der Wirkkraft von Kennzahlen bzw. dem Reporting basieren, oft nicht weiter hinterfragt.

Es gibt jedoch zahlreiche Beispiele von Unternehmen, die sich auf bestehende Zahlensysteme verlassen haben und auch dadurch die Zeichen der Zeit nicht erkennen konnten. Untersuchungen zeigen, dass man zunächst lieber die Realität anzweifelt, bevor man bestehende Faktenlagen hinterfragt (Beispiele – unter anderem zu finden bei Clayton Christenson, the Innovators Dilemma).

Grundsätzlich wollen Kennzahlen drei wesentliche Funktionen erfüllen, die dem Unternehmen helfen sollen, Orientierung in einem unsicheren Umfeld erhalten zu können.

1. Darstellung der bisherigen Verkaufszahlen – dabei spielen Veränderungen und Vergleiche, zunächst zu den internen Zahlen eine tragende Rolle.

2. Vergleich mit externen Kennzahlen und Daten, beispielsweise mit typischen Branchenkennzahlen, um sich ein besseres Bild über die eigene Position machen zu können
3. Kennzahlen-Aufbereitung für Prognosen und Szenarien, die dabei unterstützen, verschiedene Entscheidungen auf deren Wirksamkeit oder Plausibilität zu überprüfen und diese durchzudenken.

1.2.5 Closing the Loop – oder wie man Vertriebserfahrungen wieder in die Strategie bringt

Nachdem wir davon ausgehen, dass zur Umsetzung der Strategie neue Abläufe und Messgrößen zu etablieren sind, gilt unserer Erfahrung nach insbesondere die Regel, dass zu Beginn auf kurze Rückmeldezyklen Wert gelegt werden muss. Grundidee hierbei ist, dass die Einführung von Sales Enablement, wie wir im nächsten Kapitel sehen werden, ein Projekt ist, das mit Fachabteilungen im Unternehmen nicht nur abgestimmt werden muss, sondern auch deren laufende Mitwirkung erfordert. Ziel ist es ja, möglichst alle mit dem Kunden in Verbindung stehenden Aktivitäten aufeinander abzustimmen und diese dadurch attraktiver und das Unternehmen erfolgreicher zu machen. Das gelingt beispielsweise durch deutlich verkürzte Rückmeldezeiten auf Kundenanfragen und/oder Kundenaktiviäten, deren Auswertung und dem Kaufzyklus angepasste Informationen oder Aktivitäten.

1.3 Der Sales-Enablement-Prozess

Abb. 1.5 will einen Überblick über wesentliche Aktivitäten eines Vertriebsprozesses geben und insbesondere die Sichtweisen und Aktivitätswelten sowohl innerhalb der Verkaufsorganisation als auch gleichzeitig die der Kund:innen beschreiben. Erst wenn wir die parallelen Abläufe auf einen Blick erfassen, wird sichtbar, welche Aspekte zu beachten sowie zeitlich abzustimmen und zu gestalten sind. Denn es gilt, den Kaufprozess von der Bedarfsanalyse bis hin zur Lieferung, Implementierung, Rechnungstellung und eben bestenfalls auch bis zur Weiterempfehlung zu optimieren.

> Es ist wichtig, den gesamten Prozess in der Analyse und Wahrnehmung stets mit dem Blickwinkel auf die Kund:innen zu erfassen und zu verstehen. Das klingt tatsächlich leichter als es ist, denn es ist verständlich, dass die einzelnen Abtteilungen es gewohnt sind, und zumeist auch daran gemessen werden, dass die eigene Organisation gut funktioniert und der Arbeits- und Ablaufprozess harmonisch chronologisiert.

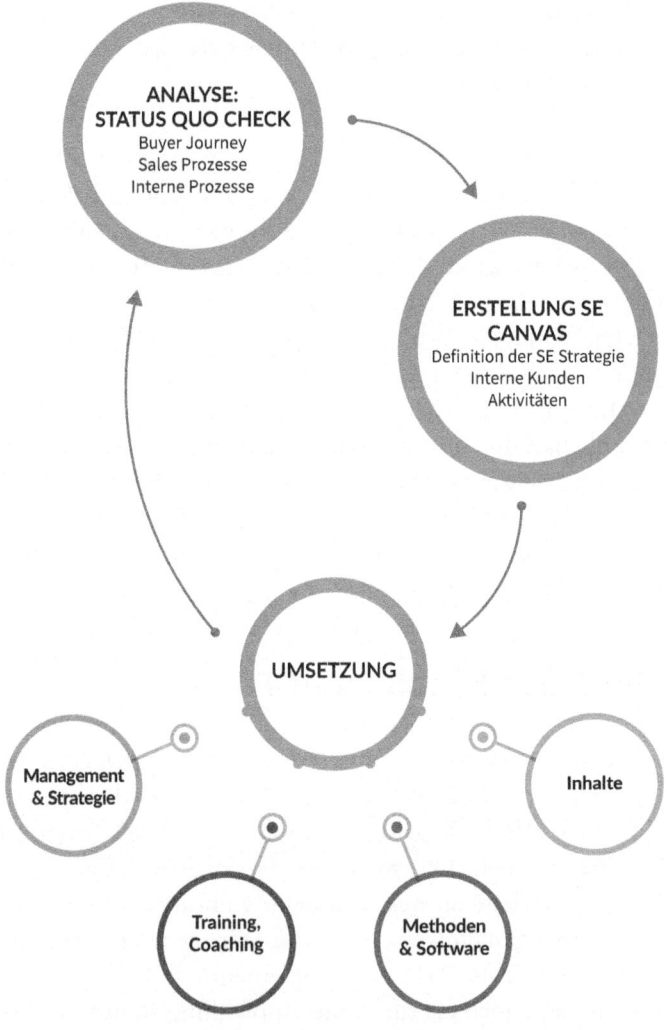

Abb. 1.5 Der Sales-Enablement-Prozess, PDAgroup GmbH (eigene Darstellung)

Eine leicht nachzuvollziehende Übung ist es, eine vertraute Person zu bitten, den Kaufprozess durchzumachen und auch zu dokumentieren – so kann eine Außensicht in den Gestaltungsprozess integriert werden und viele Anregungen geben, ob beispielsweise Reaktionszeiten zu kurz oder auch zu lang sind, ob Informationen die richtigen Bedürfnisse adressieren, zu ausführlich oder zu detailreich sind. Ob ein persönlicher Anruf hilfreicher, eine Empfehlung eines bestimmten Kunden aufschlussreicher etc. sein könnten.

Der erste Schritt ist die Erfassung der Kontaktpunkte der Kund:innen mit dem Unternehmen, wenn es um Kaufaktivitäten geht. Das beginnt vielleicht mit der ersten Recherche im Internet auf Empfehlung eines Bekannten und entwickelt sich entlang der so genannten „Customer Journey" bis hin zur Kaufentscheidung, Implementierung bzw. Erhalt der Dienstleistung oder des Produktes, dem Rechnungserhalt, dem Bezahlprozess und der Weiterempfehlung, die dann im besten Fall wieder die Tür zu neuen, weiteren Kund:innen öffnet.

Beginnen wir zeitgleich mit dem bekannten Prozess, indem die Bearbeitung der Interessent:innen steht. Hier beginnt die Reise von Neuem, nur dass alle Aktivitäten, die seitens des Unternehmens gesetzt werden, genau zu analysieren sind. Ein wichtiger Punkt dabei ist eine detaillierte Erfassung von Prozessen, Durchlaufzeiten, Dokumenten, Informationen, Aktivitäten wie beispielsweise Gespräche mit Kund:innen, Berichten in sozialen Medien oder Berufsnetzwerken.

Der Gestaltungsraum beginnt nun mit der Harmonisierung, Abstimmung, Optimierung – und ganz besonderem Fokus auf das Erleben bzw. die Wahrnehmung der Kund:innen. Wir haben dabei sehr gute Erfahrungen mit mehrtägigen, moderierten Workshops gemacht, in denen die Abwägung von Kundenerlebnis, Kosten, Änderungsprozessen, Kosten, der Einsatz bzw. die Nutzung von Technologie intensiv diskutiert und dann im Sinne eines Änderungsprojektes in konkrete Aufgaben, Verantwortlichkeiten mit einem zeitlichen Rahmen gesetzt werden.

Solche Sales-Enablement-Änderungsprojekte müssen sehr gut begleitet werden, um die Veränderungen im Unternehmen, im Team sowie auch die Wahrnehmung genau zu verfolgen und aufeinander anzupassen, sodass die Unternehmensziele erreicht werden können.

Mit dem Hintergrund der Verkaufsorganisation und der dort gelebten Unternehmenspolitik und der im besten Fall auch schriftlich fixierten Verkaufs- und Vertriebsstrategie werden:

- Kund:innen analysiert, zumeist mit Hilfe einer Internetrecherche, und auf Basis der dann vorliegenden Informationen, beispielsweise zu ihrem Potenzial, bearbeitet.
- Die Vertriebsstrategie, in der die Priorisierung der möglichen Kund:innen beschrieben ist, unterstützt entscheidend bei Qualifizierung sowie auch bei der Disqualifizierung.
- Kennzahlen entstehen unmittelbar und sollten in einem für alle Verantwortlichen zugänglichen Vertriebssystem abgespeichert werden.

1.4 Der Innovations- und Initiationsprozess im Design-Thinking-Format

Das Ziel im Sales Enablement ist es, den Mitarbeiter:innen mit Weiterbildung, Abstimmungen, Prozessen, Tools und vielem mehr zu befähigen, bessere und schnellere Abschlüsse zu erreichen.

Daher bietet sich Design Thinking als komplementäre Methodik an, um kundenzentriert und bedarfsgerecht Initiativen starten zu können.

Design Thinking ist eine iterative Methode, um Innovationen kundenzentriert voranzutreiben, und kann die an die Zielpersonen angepasste Entwicklung von Sales-Enablement-Maßnahmen unterstützen. In einem prozessorientierten Aufbau wird sich im ersten Schritt in die Kund:innen, in diesem Fall die Vertriebsmitarbeiter:innen, Manager:innen, Marketing-Mitarbeiter:innen und andere Betroffene, hineinversetzt und damit praxisorientiert gearbeitet.

Doch wie funktioniert Design Thinking im Allgemeinen?
Design Thinking ist eine von Larry Leifer, David Kelley und Terry Winograd an der Stanford Universität entwickelte Methode und wird seither vielfach mit Begeisterung in allen Bereichen der Wissenschaft und Wirtschaft eingesetzt. In drei Schritten setzt man sich zunächst mit der Umgebung, Einflüssen und Einflüssen des Problems bzw. der Herausforderung auseinander, um erst dann in eine Lösungsentwicklung zu gehen, welche ebenfalls in drei Schritte gegliedert ist. Das hilft dabei, die Phasen des divergenten und konvergenten Denkens auseinanderzu-

halten, und damit auch alternative und ungewöhnliche Ideen zu Tage zu fördern. Durch das Konzentrieren auf die Herausforderung im ersten Schritt, kommt es zu keinen vorgezogenen Schlüssen und damit können Lösungen entwickelt werden, die letztlich an die Bedürfnisse angepasst sind.

Das Verstehen des Problems ist in drei aufeinander aufbauende Schritte gegliedert: Verstehen (Understand), Beobachten (Observe) und Definieren (Point of View).

Schritt 1: Verstehen – Understand
Im ersten Schritt steht das Verstehen der Herausforderung im Mittelpunkt. Was genau ist das Problem und wer ist davon betroffen bzw. beteiligt? Dieser Schritt ist essenziell, um auf der einen Seite zu verstehen, wer alles betroffen ist, also von einer Lösung profitieren kann, und auch wer alles dazu beiträgt bzw. zu der Lösung beitragen kann.

Eine Methode, die in dieser Phase gerne verwendet wird: „Silent Braindump" ist eine Form des Brainstormings, bei dem jede Teilnehmer:in die eigenen Ideen auf Post-Its schreibt. Dafür werden ca. 5 Min. verwendet, wobei sich in dieser Zeit alle still verhalten und nicht sprechen. Dann hat jede Teilnehmer:in 1 Min. Zeit, die eigenen Post-Its auf einem Flipchart zu präsentieren und so den anderen Teammitgliedern zu erklären. Dann werden die Erkenntnisse gemeinsam gruppiert.

Schritt 2: Beobachten – Observe
Danach versetzt man sich in die Lage des/der Kund:in im Rahmen von Sales Enablement hinein. Wie agieren die Vertriebsmitarbeiter:innen? Wie läuft der Alltag ab und wo stoßen sie an Herausforderungen? Wo sehen Mitarbeiter:innen, Manager:innen oder andere Abteilungen die Herausforderungen? Zu diesem Zeitpunkt liegt das Betrachten der Problemlandschaft im Fokus, von einer Lösungsfindung wird abgesehen. Dabei werden Status quo von Customer Journeys eruiert, Personas identifiziert und definiert, und insbesondere mit Betroffenen direkt gesprochen/beobachtet, um deren Realität zu verstehen.

Methoden, die in dieser Phase gerne verwendet werden:
Mit der „Stakeholder-Map" wird das Thema in den Mittelpunkt gestellt und alle Stakeholder die auf das Thema einen Einfluss haben, werden dokumentiert und gruppiert. Dann werden mit Personen (vergleichbar mit den Stakeholdern) Interviews durchgeführt, um so möglichst viele Informationen zu erhalten.

Auf Basis dieser Informationen werden eine oder zwei „Personas" erarbeitet. Die Persona repräsentiert eine mögliche Kund:in oder eine Benutzer:in, um so das Angebot in der Folge bestmöglich darauf auszurichten.

Schritt 3: Definieren – Point of View
Im letzten Schritt der Problembetrachtung wird aus allen Daten, die bisher gesammelt wurden, verdichtet, und es wird analysiert, welches Problem genau im nächsten Schritt gelöst werden sollte. Dies hilft, um wirklich spezifische Herausforderungen zu lösen und nicht mit allgemeinen Ansätzen am Bedarf vorbei zu arbeiten.

Erst nach einem vollständigen Verstehen der Zusammenhänge und der Herausforderungen, wird in die Phase der Lösungsfindung übergegangen. Diese gibt es wieder in drei Schritten: Ideen generieren (Ideate), Prototypen erstellen (Prototype) und Testen (Test).

Eine Methode, die in dieser Phase gerne verwendet wird: Mit dem „Point of View Statement" über eine Dokumentation wird das mögliche Angebot auf die definierte Persona ausgerichtet und fokussiert.

Schritt 4: Idee generieren – Ideate
In der Phase der Lösungsfindung geht es nun darum, ganz spezifisch für die Persona eine Lösung zu finden. Dabei kann das Einbinden von unterschiedlichen Personen und damit Perspektiven helfen, Lösungen zu entwickeln. Zunächst ist die realistische Umsetzung einer Idee in dieser Phase irrelevant, es geht darum, möglichst viele Ideen zu finden, die zu einer Lösung beitragen könnten. Erst in weiterer Folge wird die Idee genauer definiert und in realistische Lösungen gezogen.

Eine Methode, die in dieser Phase gerne verwendet wird: Mit der „Disney Methode" wird die potenzielle Idee im Team aus drei Perspektiven beleuchtet.

1. Dreamer; alle Ideen sind erlaubt und werden festgehalten.
2. Realist; alle Themen werden aus einer realistischen Perspektive betrachtet.
3. Kritiker; es werden die Ergebnisse kritisch beleuchtet und dann als Basis für den nächsten Schritt zusammengefasst.

Schritt 5: Prototypen erstellen – Prototype
Design Thinking basiert darauf, möglichst schnell Feedback zur Idee zu erhalten, weshalb es so schnell wie möglich in die Erstellung eines ersten Prototypen geht. Dieser ist hauptsächlich für Feedback verantwortlich, denn gemäß dem Leitfaden „Fail early, Fail often (Scheitere schnell und oft)" kann frühes Feedback helfen, Initiativen gewinnbringend zu gestalten. Diese ersten Prototypen können innerhalb weniger Stunden kreiert werden und sollen dann von Testnutzer:innen Feedback erhalten.

Methoden, die in dieser Phase gerne verwendet werden: Die Ideen werden priorisiert und dann wird für die beste Idee ein „Idea Sketch" entwickelt, sprich eine Zusammenfassung der Idee, was hinter ihr steckt und was sie bewirken wird. Auf Basis dieser Erkenntnisse wird dann ein „Prototyp" erarbeitet. Der Prototyp kann ganz unterschiedlich entwickelt werden, z. B. mittels einer Story, um die Idee zu beschreiben, über Mock-Ups bei SW-Lösungen, oder mit LEGO, um so ein Produkt zu erklären, oder anderen Methoden.

Schritt 6: Testen – Test
Im letzten Schritt geht es darum, Feedback zu bekommen. Dabei ist es wichtig, differenziert nachzufragen, um die Entwicklung weitertreiben zu können. Je nach Feedback geht es in Iterationsschleifen zurück an den jeweiligen Schritt.

Das schnelle Umsetzen und Antesten in kleinen Gruppen kann vermeiden, dass komplizierte potenzielle Innovationen am Bedarf vorbei gehen. Die Design-Thinking-Methodik eignet sich entlang des gesamten

Sales-Enablement-Prozesses, da sie wirklich auf Kund:innen, also die Menschen achtet und deren Bedürfnisse in den Mittelpunkt stellt. Dabei kann ein erster Design-Thinking-Workshop die komplexe Landschaft des Enablements herunterbrechen, beschreiben und damit einen erfolgreichen Startschuss in ein Sales-Enablement-Programm bieten.

Eine Methode, die in dieser Phase gerne verwendet wird: über „Präsentationen" bei potenziellen Kund:innen und dem direkten Feedback dieser Personen zum Prototypen, wird reflektiert und das Feedback zusammengefasst, dann wird dies in die weitere Umsetzung eingearbeitet.

Als Beispiel eines solchen Workshops, ist im Folgenden der Design-Thinking-Workshop kurz beschrieben, der einem Sales-Enablement-Workshop vorgelagert sein sollte. Denn es geht dabei um die Frage, welche wesentlichen Veränderungen im Sinne von Vorgaben und Unternehmenszielen geplant und durchgedacht werden sollten. Wir nennen diesen Workshop hier kurz Innovationsworkshop und wollten damit zeigen, wie der Design-Thinking-Prozess verstanden werden und umgesetzt werden kann.

> **Design Thinking** Kurz erklärt ist Design Thinking ein Methodenset, das insbesondere die Zusammenarbeit interdisziplinärer Teams erleichtert, wenn es um die Bearbeitung komplexer Themen geht, die ein besonderes Augenmerk auf die Berücksichtigung und die Integration des/der Kund:innen legt. Es werden unterschiedliche Personen in den Prozess mit eingebunden, um so ein bestmögliches Ergebnis zu erzielen.

Die wirtschaftliche Perspektive wird dabei mit deren Machbarkeit und der technischen Umsetzbarkeit in Richtung des unternehmerischen Wunsches bzw. des strategischen Zieles hin entwickelt.

Wir arbeiten in unseren Workshops zum Innovationsprozess des Vertriebs sehr gerne nach untenstehendem Leitfaden und halten uns dabei an die einzelnen Schritte und Methoden des Design Thinking:

1) Kernfragen mit einem kleinen Expertenteam identifizieren – dabei dürfen Kund:innen nicht fehlen!

2) Fokus auf zunächst drei wesentliche Szenarien, die den Vertriebsprozess maßgeblich verändern könnten.
3) Zusammenstellen der Gruppen entsprechend der Bearbeitung der verschiedenen Szenarien.
4) 360-Grad-Datenerfassung mit Aufteilung der unterschiedlichen Aufgaben in der Informationssuche:
   a. Nach anderen Branchen suchen, die diese Szenarien bereits erleben, umsetzen oder schon hinter sich gebracht haben.
   b. Nach technischen Notwendigkeiten Ausschau halten.
   c. Geschäfts- und Anreizmodelle durchdenken, die für die Szenarien relevant und inspirierend sein könnten.
5) Zusammenfassung der Erkenntnisse und
   a. Fokussierung auf mögliche Umsetzungen
   b. für relevante Musterkunden, so genannte ‚Personas', die detailliert beschrieben werden müssen.
6) Ideation
   a. Nun startet die Suche nach visionären und richtig spannenden Lösungen
   b. Genauso kann parallel dazu daran gearbeitet werden, was dem Unternehmen blühen könnte, wenn andere Unternehmen diese Innovationen aufgreifen und umsetzen.
7) Entwicklung von drei prototypischen Lösungen, die zu den Szenarien passen. Dabei kommt es im Wesentlichen darauf an, dass die Prototypen nachvollziehbar dargestellt werden können. Sei es im Sinne von Rollenspielen, die die Kundensicht mit der unternehmensinternen Sicht vergleichen. Oder im Sinne von Kurzvideos gezeigt werden können. Unterstützend können auch Produkte, Internetseiten, oder Social-Media-Beiträge auf Flipcharts sehr einfach dargestellt werden. Wie beschrieben geht es insbesondere darum, dass die anderen Gruppen, die Expert:innen und die Geschäftsführung miterleben können, was die Idee des innovativen Vorschlages eigentlich ist und sich im nächsten Schritt einbringen können. Die Kraft einfacher

Prototypen, die mit innovativen Methoden entwickelt wurden, liegt darin, dass sie aus verschiedenen Perspektiven betrachtet, erlebt und auch positiv kritisch ergänzt und neu erfunden werden können.

8) Validierung nennt sich dieser eben beschriebene nächste Schritt, der mit strukturierten Fragen gestaltet werden kann. Gute Fragen sind hier kraftvoller als gute Antworten, die sich zumeist erst aus der Diskussion heraus ergeben. Eine Adaptierung kann am besten gleich vorgenommen werden, um das tiefe Eintauchen der Teilnehmer:innen zu nützen und auf neue Ideen zu kommen, die in der nächsten Iteration des Workshops weiterentwickelt werden.

Abb. 1.6 gibt einen Einblick in die Arbeit im Rahmen eines Design-Thinking-Workshops.

Abb. 1.6 Foto Workshop, PDAgroup GmbH (eigene Darstellung)

1.5   Ein Ausblick – was die Zukunft bringt

Künstliche Intelligenz ist eine häufig angesprochene technologische Unterstützung, die auch den Bereichen des Marketings und Sales zu Gute kommen könnte. Auch wir sehen hier enormes Potenzial und wollen an dieser Stelle eine kurze Übersicht geben, wie wir insbesondere die Auswirkungen und Potenziale im Bereich des Vertriebs und des Sales Enablements sehen.

Andreas Wagener (Wagener 2019) fasst die drei Bereiche der KI im Marketing wie folgt zusammen und greift dabei auf markante Weise die Klassifikation von künstlicher Intelligenz im Rahmen des Marketings auf. Zusammenfassend ist sein Standpunkt der, dass sich die Bereiche der Datenerfassung und Dateninterpretation immer schon im Bereich des Marketings bewegt haben und durch KI-Systeme sowohl Mengen als auch Vergleiche und Interpretationen deutliche Unterstützung erfahren. Die Automatisierung von Marketingaktivitäten, wie beispielsweise das Vorschlagen bestimmter Konsumgüter aufgrund von Vergleichen mit weiteren Kund:innen, oder aufgrund einer Analyse weiterer durch Datenspuren angestoßener Verhaltensweisen sind weitere Schritte, die mittlerweile schon gang und gäbe sind. Wenn nun daraus automatisiert neue Produkte oder Dienstleistungen zusammengestellt werden, diese unter Umständen auch noch mit einer automatisierten dynamischen Preisfindung ergänzt werden, sind wir im Bereich der Automatisierung im höchsten Grad seines Modells angelangt. Zudem sind sehr ähnliche Bereiche gerade an der Schnittstelle zum Vertrieb zu erkennen. Zunächst, wenn es um die Generierung und auch Interpretation von Daten geht, die dem Vertrieb helfen ein besseres Bild des/der Interessent:in und seiner Bedürfnisse zu erhalten. Ebenso kann diese Erkenntnis mit weiteren Daten ergänzt werden und auch einer weiteren strukturierten Analyse zugeführt werden, wie wir es vom geleiteten Deep Learning her kennen. Die „intelligente" Leistung besteht damit dann in der eigenständigen Prognose, nicht basierend auf menschlichen Annahmen und Dreisätzen, sondern darin, unabhängig davon Muster und Gesetzmäßigkeiten zu identifizieren (Wagener 2019, S. 65).

Weitere immer interessanter werdende Bereiche sind die der automatisierten Auswertung von aufgezeichneten Kundengesprächen, dem Vertrieb zur Verfügung gestellten Bildern oder auch Videos. Das Besondere hierbei ist, dass durch automatisches Auslesen von Worten oder Sätzen die Möglichkeit entsteht, in Echtzeit und über alle Kontaktpunkte hinweg zu erkennen, ob beispielsweise die Kundenansprache entsprechend den Vorgaben durchgeführt, ergänzt oder aber auch verkürzt wurde. Die Kombination der Auswertung verschiedener Bereiche lässt Rückschlüsse auf die gesamte Bearbeitungszeit, aber auch nur auf die Zeitspanne ziehen, die es gebraucht hat, um Kund:innen die erste Antwort zu geben. Man könnte neue Erkenntnisse darüber gewinnen, was den optimalen Bearbeitungsprozess wirklich ausmacht und welche Prozesse am ehesten dazu führen, dass mögliche Kund:innen den Kauf abschließen, oder bestehende Kund:innen weitere Einkäufe vornehmen. Anreize, die direkt angeboten werden, lassen durch die Gesamtanalyse ein besseres Verständnis darüber aufkommen, was am besten funktioniert.

Darauf aufbauend kann man sich leicht vorstellen, dass auch komplexere automatisierte Angebote unterbreitet werden können. Um eine entsprechende Dynamik im Angebotsprozess zu kreieren, können auch Chatbots zum Einsatz gebracht werden. Denken wir noch einen Schritt weiter, dann ist es gut vorstellbar, dass Avatare lebensechte Verkaufsagenten, die im Rahmen von virtueller Realität präsentiert werden, den aktiven Dialog mit dem Kunden durchführen (Abb. 1.7).

Entwicklungsschritte von der Analyse zur künstlichen Intelligenz

Analyse & Auswertung	Maschinelles Lernen	Künstliche Intelligenz
Gesamtanalyse der notwendigen Daten und deren Zusammenführung. Erste Schritte der Verarbeitung und Auswertung.	Nutzung der Daten und automatisieren von Aufgaben auf Basis von definierten Rahmenbedingungen.	Systeme arbeiten autonom ohne menschliche Eingriffe und geben so Ergebnisse vor.

Abb. 1.7 KI im Marketing und Sales, PDAgroup GmbH (eigene Darstellung)

Ihr Transfer in die Praxis

- Hat Ihr Unternehmen den Wandel in eine digitale Vertriebsumgebung schon gestartet?
- Welche Herausforderungen die Digitalisierung für den Vertrieb und die Zusammenarbeit mit Kund:innen bringt, erfahren Sie im Überblick.
- Sie erfahren, welche Qualifikationen Vertriebsmanagement und Führung benötigen, und welche Kennzahlen zur aktiven Steuerung des Vertriebs notwendig sind.
- Wie können Sie Ihre Vertriebsorganisation und Aufgaben mit dem Werkzeug des Design Thinkings neu gestalten?
- Was bringt die Zukunft mit Künstlicher Intelligenz als Unterstützung im Vertrieb?

Literatur

Barton, Thomas, Christian Müller, und Christian Seel. 2018. Digitalisierung – eine Einführung. In *Digitalisierung in Unternehmen*, Hrsg. Thomas Barton, Christian Müller und Christian Seel, 3–7. Wiesbaden: Springer Fachmedien Wiesbaden (Angewandte Wirtschaftsinformatik).

Binckebanck, Lars, und Rainer Elste, Hrsg. 2016. *Digitalisierung im Vertrieb. Strategien zum Einsatz neuer Technologien in Vertriebsorganisationen*, 1. Aufl. Wiesbaden: Springer Gabler (Springer eBook Collection).

Comm/dg/unit (NaN). 2022. DigComp – EU Science Hub – European Commission. Digital Competence Framework for citizens. Hrsg. v. Europäische Kommission. Joint Research Centre. https://ec.europa.eu/jrc/en/digcomp, zuletzt aktualisiert am 05.01.2021. Zugegriffen am 26.01.2022.

Fit4internet. 2022. Startseite – fit4internet. Verein fit4internet.at. https://www.fit4internet.at/, zuletzt aktualisiert am 26.01.2022. Zugegriffen am 26.01.2022.

Hinterhuber, Hans H. 2011. *Strategische Unternehmensführung*. 8., neu bearb. und erw. Aufl. Berlin: Schmidt.

Oswald, Gerhard. 2018. *Digitale Transformation. Fallbeispiele und Branchenanalysen. Unter Mitarbeit von Helmut Krcmar*. Wiesbaden: Springer Fachmedien Wiesbaden GmbH (Informationsmanagement und Digitale Transformation Ser). https://ebookcentral.proquest.com/lib/kxp/detail.action?docID=6422730. Zugegriffen am 18.3.2022.

Piallat, Chris, Hrsg. 2021. *Der Wert der Digitalisierung. Gemeinwohl in der digitalen Welt*. Unter Mitarbeit von Tyson Barker, Ulf Buermeyer, Petra Grimm, Stefan Heumann, Eric Hilgendorf, Lorena Jaume-Palasí et al. transcript: Open Library 2021 (Politik). Bielefeld: transcript (Digitale Gesellschaft, 36). https://openresearchlibrary.org/content/8e1bbc8e-fdb6-4fd4-a572-d6fd81a0237d. Zugegriffen am 25.02.2022.

Rogers, David L. 2017. *Digitale Transformation. Das Playbook*, 1. Aufl. Frechen: mitp (mitp Business). http://www.content-select.com/index.php?id=bib_view&ean=9783958455740. Zugegriffen am 25.02.2022.

Stadler, Christian, Julia Hautz, Kurt Matzler, und Friedrich von den Eichen Stephan. 2021. *Open strategy. Mastering disruption from outside the C-suite*, Management on the cutting edge series. Cambridge/London: The MIT Press.

Wagener, Andreas. 2019. *Künstliche Intelligenz im Marketing – ein Crashkurs*, 1. Aufl. Freiburg/München/Stuttgart: Haufe Group, Zugegriffen am 24.02.2022.

2

Sales Enablement im Überblick

> **Was Sie aus diesem Kapitel mitnehmen**
> - Überblick zum Sales Enablement und eine Beschreibung, warum dieser Wandel (digitale Transformation und Zusammenarbeit unterschiedlicher Unternehmensbereiche) so wichtig ist
> - Die Säulen des Sales Enablements und wie der Mehrwert gemessen werden kann
> - Sales Enablement und kundenzentriertes Denken

Sales Enablement ist ein strategischer Ansatz, der nicht nur Vertrieb und Marketing einbezieht, sondern auch Mitarbeiter:innen aus anderen Bereichen wie Produktmanagement, Customer Success und Kundenservice.

Sales Enablement ist nicht das technische Allheilmittel für ineffiziente Vertriebsabläufe bzw. Marketing-Management. Und auch, wenn das Grundprinzip ein laserscharfer Fokus auf Kund:innen ist, umfasst Sales Enablement viel mehr als nur nützliche „käuferorientierte" Vertriebsmethoden wie Customer Centric Selling, Consultative Selling, Smarter Selling oder Value Selling.

Customer Centric Selling (Walker 2016) orientiert sich in der Methodik voll auf die Bedürfnisse der Käufer:innen und zielt in allen Aktivitäten darauf ab, dass Käufer:innen seine gesteckten Ziele erreicht, seine Probleme gelöst und seine Bedürfnisse erfüllt werden.

Consultative Selling zielt ebenso auf die Entstehung einer Vertrauensbeziehung ab, wobei im Kern der Methodik das Verstehen der zugrunde liegenden Käuferproblematik (vgl. SPIN-Fragetechnik) und das Bereitstellen und verständliche Erklären einer passgenauen Lösung (vgl. Solution Selling) für Kund:innen steht.

Smarter Selling (Dugdale und Lambert 2011) fokussiert sich mit seinen Modellen und Werkzeugen darauf, wie man vertrauensvolle Beziehungen aufbaut und entwickelt. Der/Die Verkäufer:in schuldet es dabei dem/der Interessent:in, dessen wahre Bedürfnisse zu erkennen und diese nutzenbringend zu lösen. Man kann es auch als Weiterentwicklung des Consultative-Selling-Ansatzes verstehen.

Value Selling fokussiert sich im Ansatz darauf, wie der/die Verkäufer:in im gesamten Handeln und Vorgehen sowie mit Lösungsangeboten durchgängig nachweisbaren bzw. messbaren Nutzen/Value für Käufer:innen generieren kann.

Wird Sales Enablement effektiv implementiert, stattet es den Vertrieb eines Unternehmens mit den notwendigen Werkzeugen, Strategien und Ressourcen aus, um erfolgreich agieren zu können. Insbesondere mit informativen und lehrreichen Inhalten, um potenzielle Neukund:innen anzusprechen und gemeinsam mit Bestandskund:innen zu wachsen. Dies resultiert in einer interaktiven, für Kund:innen angenehmen und verständlichen Kundenerfahrung (Customer Experience) entlang der so genannten Customer Journey, der Wahrnehmung und des Erlebnisses seitens der Kund:innen im Kaufprozess.

Dadurch kann der Vertrieb dabei unterstützt werden, unter anderem Verkaufszyklen zu verkürzen und die Effizienz und Effektivität entsprechend zu steigern.

2.1 Definitionen & Customer First

Definitionen von Sales Enablement entwickeln sich stetig weiter, vor allem, weil immer mehr Vertriebsorganisationen diesen strategischen Ansatz in die Praxis umsetzen, entsprechende Ergebnisse verbuchen und folglich Sales Enablement für die spezifischen Bedürfnisse ihres Unternehmens adaptieren.

Waren es 2019 nur etwas mehr als die Hälfte der befragten Unternehmen, die eine eigene Stelle für Sales Enablement bzw. ein Programm oder eine Funktion dafür etabliert hatten, stieg dieser Anteil in den vergangenen Jahren um +19 % Punkte auf 74 % aller befragten Unternehmen an (State of Sales Enablement Report 2021). Dieser Trend ist mit einem Prozentsatz von 77 % auch im PDAgroup „Annual Report on the State of Sales Enablement in Europe" mit Fokus auf die DACH-Region bestätigt.

> Die Sales-Enablement-Leaderin Tamara Schenk definiert Sales Enablement als eine strategische, kollaborative Disziplin, die darauf abzielt, vorhersehbare Verkaufsergebnisse zu steigern, indem sie konsistente, skalierbare Enablement-Services bereitstellt, die es Fachleuten mit Kundenkontakt und ihren Managern ermöglichen, bei jeder Kundeninteraktion Mehrwert zu schaffen (Matthews und Schenk 2018).

Basierend auf der Definition der Sales-Enablement-Society gilt weiterhin:

> „Sales Enablement stellt sicher, dass Käufer zur richtigen Zeit, am richtigen Ort und mit den richtigen Assets von gut geschulten Mitarbeitern mit Kundenkontakt angesprochen werden, um ein erstklassiges Erlebnis entlang der Customer Journey zu bieten. Durch den Einsatz der richtigen Vertriebs- und Performance-Management-Technologien sowie die synergetische, organisationsübergreifende Zusammenarbeit optimiert Sale Enablement die Verkaufsbewegung, um die Pipeline zu vergrößern, Opportunities voranzutreiben und größere Deals effizienter zu gewinnen, um profitables Wachstum zu fördern." (seosociety.org 2021).

Die Autor:innen sehen Sales Enablement als:

> „… einen multidisziplinären, high-performing, strategischen Ansatz zur Verbesserung der Vertriebsleistung durch personenzentrierte, prozessorientierte und technologische Maßnahmen. Sales Enablement unterstützt den Verkäufer darin, Käufer:innen in die Lage zu versetzen, eine Kaufentscheidung zu treffen und orchestriert alle kundenorientierten Aktivitäten in einer Organisation im Zusammenspiel von Strategie, Produktion, Marketing, Vertrieb und Service."

Das Gemeinsame der beiden Definitionen sind die Menschen, Kund:innen und das Team – die Steigerung der Effizienz im Sinne der Kund:innen, damit jeder profitiert, vor allem der Kunde! Customer First als Prinzip.

Weitere Gemeinsamkeiten sind Inhalte, Kommunikation, Training und Coaching, Technologie sowie Prozesse – getragen von einer einheitlichen Strategie, die Vertrieb und Marketing und zunehmend auch andere Funktionsbereiche des Unternehmens steuert.

Was ist Sales Enablement NICHT?
Sales Enablement ist kein anderes Wort für Vertriebstraining. Vertriebstrainings sind allerdings ein wichtiges Element davon. Sales Enablement ist keine andere Bezeichnung für Vertriebscontent oder Vertriebscontent-Management. Hier gilt dasselbe wie für Vertriebstrainings: Vertriebscontent und dessen Management sind ein weiterer Aspekt des gesamten Ansatzes.

Sales Enablement ist kein anderer Begriff für Vertriebs- und Marketing-Abstimmung. Eine gute Abstimmung zwischen diesen zwei Abteilungen ist jedoch Voraussetzung, um Sales Enablement in erfolgreiche Bahnen zu leiten.

> Sales Enablement ist nicht dasselbe wie Vertriebs-Operations. Vertriebs-Operations ist eine Funktion, die eine Struktur gibt, Prozesse baut sowie Tools und Technologien bereitstellt, sich mit Themen wie Vertriebsprognosen bzw. Forecasting beschäftigt und weniger mit der Herausforderung, Mitarbeiter:innen erfolgreich zu machen.

Sales Enablement hat sich als ein einzigartiger, funktionsübergreifender, strategischer Ansatz erwiesen und vereint mehrere Funktionen. Es funktioniert jedoch nicht, wenn wir in Silos denken und agieren (Tab. 2.1).

Führungskräfte, Vertrieb, Marketing, Services, Operations oder Partnerteams: Es gibt keinen Bereich des Unternehmens, der die Bedeutung von „funktionsübergreifend" so integriert wie Sales Enablement. Eine erfolgreiche Umsetzung ist nur möglich, wenn die Unternehmensstrategie dies unterstützt und die Umsetzung vom Management sowie den Mitarbeiter:innen mitgetragen wird. Zudem erfordert Sales Enablement ein umfassendes Verständnis von Prozessen, Planung, potenziellen Kund:innen und deren Herausforderungen.

Tab. 2.1 Darstellung Sales Enablement

Was ist Sales Enablement?	Was ist Sales Enablement nicht?
Kommunikation, Content und Content-Erstellung	Generelle Business-Skills
Training und Coaching (Skill und Mindset)	Vertriebs-Operations
Vertriebsprozess- und Tool-Effektivität	Vertriebs-Controlling
Mitarbeiterschulung	Karriereplanung
Analysen	Vertrieb

Eigene Darstellung, PDAgroup GmbH

Die heutigen Verkaufsorganisationen und -teams sind vielfältiger denn je zuvor. Da diese sich über Generationen, Regionen und unterschiedliche Hintergründe erstrecken, kann es herausfordernd sein, zu verstehen, wie eine effektive Verkaufskommunikation durchgeführt werden kann.

Sales Enablement ist ein iterativer Prozess, der sich kontinuierlich weiterentwickelt. Eines der wichtigsten Ziele von Sales Enablement ist es, den Vertriebsmitarbeiter:innen die Arbeit effizient zu gestalten, ihnen hierbei die neuesten und aktuellen Informationen, Inhalte und Tools an die Hand zu geben und entsprechend zu schulen.

Weitere Ziele von Sales Enablement sind es unter anderem, die interne Komplexität von Vertriebsorganisationen und -teams zu reduzieren, die Zeitspanne zum Verkaufsabschluss zu reduzieren, Effizienz im Vertrieb zu steigern, Unterstützung in der Gewinnung von Neukund:innen zu bieten, und Bestandskund:innen auszubauen. Dies kann durch den Aufbau eines internen zusammenhängenden Netzwerks erreicht werden, welches die Effizienz und Harmonie zwischen den einzelnen Abteilungen erhöht. Sales Enablement ist als funktionsübergreifender Ansatz konzipiert, um die Leistung, Kommunikation und Effizienz von allen kundenorientierten Teams zu steigern. Diese Zusammenarbeit zielt darauf ab, die Vertriebs-, Service- und Marketingteams mit den besten und relevantesten Informationen vorzubereiten, um kundenorientierte Inhalte zu erstellen und optimale Kauferlebnisse zu ermöglichen.

Die vielfältigen Elemente erfordern eine verantwortliche Person oder ein Team zur Steuerung und Koordination aller Aktivitäten, um zu gewährleisten, dass diese mit Hinblick auf die Unternehmensziele konsequent umgesetzt werden. Es liegt in der Natur von Sales Enablement, sich an geänderte Gegebenheiten rasch anzupassen.

Abb. 2.1 Sales-Enablement-Übersicht, PDAgroup GmbH (eigene Darstellung)

Der hier beschriebene Sales-Enablement-Ansatz basiert auf den in Abb. 2.1 dargestellten drei Säulen, a) Prozesse, Training und Sales Coaching, b) Content und Content-Erstellung und c) Tools und Technologie, welche durch eine Strategie und Führung gesteuert und eine entsprechende Orchestrierung umgesetzt werden.

> Sales Enablement ist ein strategischer Ansatz mit dem Ziel, die Vertriebsleistung zu maximieren. Dabei spielen Content und Content-Erstellung, Skill- und Mindset sowie die technische Unterstützung und Prozessoptimierung eine wesentliche Rolle.

2.2 Sales-Enablement-Strategie

Das Buy-In und Commitment für Sales Enablement auf den höchsten Ebenen und die Implementierung im gesamten Unternehmen bringt Mitarbeiter:innen aus allen Funktionsbereichen zusammen. Eine Sales-Enablement-Strategie fördert und unterstützt diese unternehmensweit synchronisierte Kommunikation, indem sie Inhalte, Training und Coaching, Technologie, Prozesse und vor allem die Mitarbeiter:innen miteinander verbindet. Wenn ein Unternehmen all diese Komponenten zusammenführt, um eine einheitliche Vertriebsorganisation zu stärken, erhalten Verkäufer:innen die Möglichkeit, eine anspruchsvolle Customer Experience zu bieten, die die stark vernetzten und selbst-informierten Käufer:innen von heute erwarten und fordern.

Die effektive Implementierung und Umsetzung einer Sales-Enablement-Verantwortung wirkt sich positiv auf die Führungsebene und die Mitarbeiter:innen mit Kundenkontakt aus. Alle Mitarbeiter:innen und Stakeholder, die in den Verkaufsprozess involviert sind und von Sales Enablement unterstützt werden, profitieren letztlich durch Perfromance-Steigerung davon. Durch diese weitgreifende Einbindung in das Sales Enablement werden die umsatzgenerierenden Teams in vollem Umfang aktiviert. Dazu ist essenziell, dass das Enablement-Team die Kernkompetenzen des Unternehmens, die wichtigsten organisatorischen Hindernisse sowie die kritischen Faktoren und Ziele der Stakeholder und Kund:innen kennt und versteht.

Wie in Abb. 2.2 vereinfacht dargestellt, besteht eine hohe Abhängigkeit des Sales Enablements von der Geschäftsführung und den Top-Führungskräften, der internen Supply Chain (Marketing, Produktentwicklung & -management), der organisatorischen Infrastruktur und schlussendlich dem Vertrieb. Hierbei ist, wie bereits in 2.1 beschrieben,

Abb. 2.2 Sales Enablement, PDAgroup GmbH (eigene Darstellung)

hervorzuheben: Sales Enablement ist nicht für den Verstrieb verantwortlich, sondern unterstützt die Steigerung der Effizienz und Effektivität des Vertriebs.

2.3 Prozesse, Training und Sales Coaching

Die Fähigkeit, die Verkaufsquoten Quartal für Quartal zu erreichen, führt zu besser vorhersehbaren und skalierbaren Umsätzen. Sales Enablement spielt eine entscheidende Rolle dabei, die Mitarbeiter:innen mit Tools, Routinen und Qualifikationen (Skills und Mindset) auszustatten, die sie für eine konstante Leistung benötigen.

Sales Enablement unterstützt Unternehmen, ihren Vertriebsprozess mit Fokus auf die Zufriedenheit der Kund:innen zu gestalten. Alles, was Sales Enablement umsetzt, wird für die Endkund:innen getan und entsprechend müssen die Vertriebsprozesse angepasst sein. Um einen standardisierten und dynamischen Vertriebsprozess aufzubauen, müssen das Verhalten und die Erwartungen der Kund:innen zunächst verstanden werden. Jedes erfolgreiche Unternehmen folgt Vertriebsprozessen, wie der Qualifizierung von Leads, Planung, Produktpräsentationen, Verhandlungen und Vertragsabschlüssen. Ziel ist es, einen standardisierten Prozess zu ermöglichen. So kann die Wirksamkeit neuer Praktiken bewertet und entschieden werden, ob eine entsprechende Sales-Enablement-Strategie im Sinne der Kundenzentriertheit aufrechterhalten oder adaptiert werden soll. Die kontinuierliche Verbesserung von Prozessen erfordert neben Schulungen und Trainings eine kontinuierliche Evaluierung und gegebenenfalls entsprechende Anpassungen. Schulungsaktivitäten sollten in die täglichen Abläufe der Vertriebsmitarbeiter:innen integriert werden. Das Lernen am Arbeitsplatz ist eine effiziente Methode, um Talente weiterzubilden und ihnen die Möglichkeit zu geben, die für ihre Aufgaben relevanten Trainings zu wählen. Der Vorteil einer integrierten Schulung besteht darin, dass die Mitarbeiter:innen ihre neuen Fähigkeiten sofort einsetzen und sie sich diese daher besser aneignen können.

Sales Coaching und Mentoring ist für die Weiterentwicklung unerlässlich. Personen aus allen Bereichen einer Vertriebsorganisation sollten laufend weiterentwickelt werden, was das Sales Coaching zu einem besonders wichtigen Aspekt dieser Säule macht.

Ebenso wichtig ist die Weiterentwicklung von Führungskräften, um ihre Teams bestmöglich zu unterstützen, zu motivieren und um sicherzustellen, dass an jedem Berührungspunkt eine gleichbleibend gute Customer Experience geboten wird.

2.4 Content & Content-Erstellung

Die zweite Säule konzentriert sich auf die Erstellung von Inhalten und deren Nutzbarkeit für alle Teams mit Kundenkontakt, nicht nur für den Vertrieb und Kund:innen. Abstimmung und Kommunikation zwischen den Vertriebs- und Marketingabteilungen ist notwendig, um wirksame Verkaufsmaterialien zu erstellen. Informationen aus Kundeninteraktionen können Marketingteams helfen, zielgerichteter Inhalte zu erstellen, wodurch die Wahrscheinlichkeit eines erfolgreichen Verkaufsabschlusses erhöht wird. Sales Enablement verstärkt die Bedeutung eines regelmäßigen Austauschs zwischen diesen Abteilungen, um den Informationsfluss zu fördern. Wichtig ist: Sales-Enablement-Content hat ein rein internes Publikum. Die Sales-Enablement-Strategie definiert, welche Inhalte erstellt werden und beobachtet, ob sie effizient und effektiv genutzt werden. Sie sollten so gespeichert werden, dass sie von den Vertriebsmitarbeiter:innen bei der Ausführung ihrer Aufgaben leicht gefunden und verwendet werden können. Außerdem müssen Versionsverwechslungen unmissverständlich vermieden werden. Relevante Inhalte sollten für Interaktionen mit Kund:innen leicht zugänglich sein.

Die verfügbaren Inhalte sollten entsprechend der Customer Journey sowie des Vertriebsprozesses für die Mitarbeiter:innen verfügbar sein, um das Customer-First-Mindset zu unterstützen.

Sales Enablement ist der perfekte Partner, um eine fließende Verbindung zwischen den diversen kundenorientierten Abteilungen herzustellen. Dadurch wird eine Zusammenarbeit ermöglicht, Feedback und Erkenntnisse werden effizient geteilt und idealerweise können dadurch Kund:innen gewonnen werden. Das veränderte Kundenverhalten muss zwingend berücksichtigt werden, um unseren Content für die Vertriebsmitarbeiter:innen auf den Verkaufszyklus auszurichten.

Vereinfacht ausgedrückt sind die drei Phasen der Customer Journey Interesse & Aufmerksamkeit, Erwägen oder Evaluieren und Kaufen.

Wenn wir vom Verkaufsprozess sprechen, sprechen wir von internen Prozessen, denen Vertriebsmitarbeiter:innen folgen. Die Palette reicht von der Qualifzierung des Kunden, den ersten Gesprächen über die Durchführung einer Demo bis hin zu den erforderlichen Verhandlungen und schließlich dem Vertragsschluss.

Es ist entscheidend, den Marketing-Content auch im Verkaufsprozess entsprechend abzubilden, damit die Vertriebsmitarbeiter:innen diesen in den entsprechenden Phasen effektiv einsetzen können.

> Je länger der Vertriebsprozess ist, desto wichtiger wird der Content. Mit einer kundenzentrierten Herangehensweise, die ja auch Kern eines Customer-First-Mindsets ist, kann der Fokus auf die Korrektur und Anpassung an die Customer Journey gelegt werden.

2.5 Tools & Technologie

Zu Sales Enablement gehören auch Tools, die die Aufgabenausführung der kundenorientierten Prozesse unterstützen. Die Sales-Enablement-Technologie hat sich weiterentwickelt und muss nicht nur relevante Inhalte entsprechend der Customer Journey und des Vertriebsprozesses anzeigen, sondern auch die Erstellung dynamischer Inhalte auf eine Compliance-freundliche Art und Weise ermöglichen. Sie muss Daten aus verschiedenen Systemen aggregieren, um umfassendere Erkenntnisse zu gewinnen, die die Effektivität jedes einzelnen Kundenkontaktpunktes beeinflussen, und sie sollte sich nahtlos in den gesamten Tech-Stack integrieren. Die Einführung oder auch Zusammenführung der richtigen Technologie in die Arbeitsumgebung der Mitarbeiter:innen verstärkt die Etablierung eines standardisierten Prozesses. Sie ermöglicht es dem Sales-Enablement-Team, die drei Säulen des Sales Enablements an die sich ständig ändernden Bedürfnisse der Kund:innen und Vertriebsmitarbeiter:innen anzupassen. Wissen in Form von Daten, Kundenerfahrungen und Rückmeldungen der Vertriebsmitarbeiter:innen sind für das Sales-Enablement-Team unerlässlich. Technologie ermöglicht den Zugang zu all diesen Daten. Darüber hinaus bietet sie einen detaillierten Überblick über die Leistung des Unternehmens entlang des Verkaufsprozesses. Die spezifischen Aktivitäten können angepasst und gezielt so gestaltet werden, sodass die Ziele der Sales-Enablement-Strategie entsprechend der Unternehmensziele erreicht werden können. Bei der Auswahl der Tools ist es essenziell, die Bedürfnisse und Aufgaben der eigenen Mitarbeiter:innen in den Mittelpunkt zu stellen. Technologie sollte immer einen Mehrwert bringen und darf keinen zusätzlichen Aufwand im täglichen Arbeiten darstellen. Technologie im Vertriebsumfeld sollte zusätzliche Informationen, wie beispielsweise die Öffnungsrate von E-Mails und Content und die Reaktionszeit auf Anfragen generieren, um die bestehenden Praktiken zu hinterfragen, anzupassen und Mitarbeiter:innen bei ihrer Weiterentwicklung zu unterstützen.

Das ganzheitliche und strategische Konzept Sales Enablement orientiert sich unabdingbar an der Buyer's und Customer Journey. Wichtig ist es, sich dem großen Ganzen kontinuierlich und systematisch in kleinen Schritten zu nähern. Die Erstellung einer übergeordneten Sales-Enablement-Charta ist essenziell, um den Transformationsprozess zu unterstützen und zu fördern. Ergebnisse eines neu implementierten Sales-Enablement-Konzepts sind wie bei anderen Change-Prozessen nicht kurzfristig zu erwarten und daher ist die Unterstützung der Führungsebene entscheidend und von nicht zu unterschätzender Bedeutung.

2.6 Sales-Enablement-Charta

Eine so genannte Sales-Enablement-Charta stellt eine Übersicht über die Initiativen von Sales Enablement im Unternehmen dar. Unter anderem zeigt sie auf, welche Abteilungen unterstützt werden, wie die Sicht des Kunden zu verstehen ist und wie die Ergebnisse gemessen werden. Als unterstützendes Tool zur Erstellung einer Charta bzw. anstelle der Charta hat sich der Sales-Enablement-Canvas bewährt (vgl. auch Abschn. 3.2).

Die Sales-Enablement-Charta ist das Herzstück der Sales-Enablement-Strategie und beinhaltet das Mission Statement von Sales Enablement des Unternehmens. Die Erstellung einer formellen Sales-Enablement-Charta ist einer der ersten Schritte bei der Einführung dieses strategischen Ansatzes. Sie unterstützt dabei, die Rolle von Sales Enablement im Unternehmen zu definieren und legt einen wichtigen Baustein zur erfolgreichen Implementierung und Umsetzung der Initiativen.

Die Sales-Enablement-Charta ist eine schriftliche Vereinbarung zwischen Sales Enablement und den kundenorientierten Teams, um diese bei der Erreichung ihrer Ziele zu unterstützen. Hier wird definiert, welche Leistungen die Vertriebsmitarbeiter:innen von Sales Enablement erwarten dürfen, welche Daten, Tools und Technologien für Sales Enablement und Leistungen zur Verfügung gestellt werden und was nicht in den Bereich des Sales Enablements gehört.

Dieses gemeinsame Verständnis fördert eine bessere Zusammenarbeit, klare Erwartungen und einen reibungslosen Ablauf der Sales-Enablement-Aktivitäten. Schlussendlich tragen erfolgreiche Aktivitäten zu der Erreichung der übergeordneten Unternehmensziele, wie Steigerung der Vertriebsproduktivität, -effizienz und -effektivität, bei.

> Im Sales Enablement gibt es kein „one size fits all". Dennoch gibt es wichtige Bestandteile einer Sales-Enablement-Charta:
>
> - Zusammenarbeit mit dem Vertrieb, um die entsprechenden Prozesse zu optimieren
> - Training und Coaching der kundenorientierten Teams
> - Content-Erstellung (Vertriebs- und Enablement-Content) sowie dessen Management
> - Tools und Technologien
> - Abstimmung zwischen Vertrieb und Marketing sowie allen weiteren kundenorientierten Funktionen und Teams im Unternehmen
> - Budget

Im Sinne des Customer-First-Mindsets ist das Hauptbestreben von Sales Enablement, alle kundenorientierten Teams bei der bestmöglichen Bewältigung ihrer Herausforderungen zu unterstützen. Um diesen Anforderungen gerecht zu werden ist es essenziell zu erkennen, dass die Customer Journey nicht dasselbe wie der Verkaufszyklus ist. Daher sollte der Fokus der Sales-Enablement-Aktivitäten nicht ausschließlich auf den Vertriebs- und Marketingteams liegen, sondern alle kundenorientierten Teams umfassen. Ein gutes Gleichgewicht zwischen dem Fokus auf Customer Experience und der Förderung der internen Teams ist ein wichtiger Schlüssel zum Erfolg.

Im Sales Enablement gibt es viele Faktoren zu berücksichtigen: Ein klares Verständnis des Status quo sowie der geplanten Ziele und Entwicklungen ist wesentlich. Genau das sollte die Sales-Enablement-Charta aufzeigen und abbilden.

Die Sales-Enablement-Charta ist ein dynamisches Dokument, welches sich entsprechend der Anforderungen des Unternehmens weiterentwickelt.

Strategische Fragen, welche bei der Erstellung der Charta unterstützen können, sind:

- Wer sind die Stakeholder und Sponsoren?
- Was sind die wichtigsten Prioritäten der Führungsebene?
- Wie stimmt das Programm mit den Prioritäten der Top-Führungskräfte und der Markteinführung überein?
- Welches sind die wichtigsten Kennzahlen und KPIs für Benchmarking, Messungen und Korrelationen? (wenn möglich auch nach Rolle und Funktionen)

Orchestrierung als entscheidender Erfolgsfaktor von Sales Enablement
Die Ausrichtung und Orchestrierung der Enablement-Initiativen ist mitentscheidend für den Gesamterfolg und die Akzeptanz im Unternehmen.

Ideale Voraussetzungen für die Orchestrierung bietet eine offene Unternehmenskultur, in der sich alle Stakeholder des Unternehmens damit wohlfühlen, ihre Meinungen, Erfahrungen und Beobachtungen zu äußern und zusammenzuarbeiten. Darüber hinaus ist die Entwicklung einer entsprechenden Lern- und Coachingkultur erstrebenswert. Ein Leitfaden für die ersten Schritte kann Folgendes beinhalten:

- Analyse der Ist-Situation
- Erstellung eines Plans basierend auf diesen Erkenntnissen
- Implementierung von Kommunikations- und Kollaborationstools zum Austausch von Erkenntnissen aus Kundengesprächen und Inhalten zwischen Abteilungen wie z. B. Vertriebs- und Marketingteams
- Nutzung virtueller, hybrider und physischer Umgebungen für das Coaching und Training aller Beteiligten

- Steuerung von Geschäftszielen anhand gemeinsamer und abteilungsspezifischer KPIs
- Kontinuierliches Monitoring von Entwicklungspotenzialen

Herausforderungen – der Reality Check
Die Grundprinzipien von Sales Enablement sind:

- ein strategischer, kontinuierlicher Prozess zur Effizienz- und Effektivitätssteigerung des Vertriebs
- Fokussierung auf die geschäftlichen Anforderungen und die Ausrichtung, diese Ziele zu erreichen
- Buy-in von Geschäftsführung und Management ist entscheidend für eine erfolgreiche Umsetzung
- Change-Management vor allem während der Einführungsphase
- Zusammenarbeit und Abstimmung zwischen Vertriebs-, Marketing- und Produktteams führen zu beachtlicheren, strategischeren Ergebnissen
- Qualitative und quantitative Daten als Basis aller Initiativen und Programme, die Informationen liefern, worauf geachtet werden muss und wie effektiv die Aktivitäten sind

Die Grundprinzipien ändern sich nicht, jedoch die Taktiken, die zu einer erfolgreichen Umsetzung führen.

2.6.1 Überblick historische Entwicklung

Bereits Henry Ford erkannte dieses Geheimnis des Erfolgs:

> „If there is any one secret of success, it lies in the ability to get the other person's point of view and see things from that person's angle as well as from your own."

Dieses Zitat finden wir auch in dem Buch „How to Win Friends and Influence People", das bereits 1936 von Dale Carnegie geschrieben wurde und bis heute gelesen wird. Eines der Kernthemen damals war ein besserer Kundenzugang und der Aufbau einer Beziehung.

2 Sales Enablement im Überblick

Von den 1940er bis in die 1960er-Jahre sprechen wir vom „reisenden Verkäufer" (Abb. 2.3). Meist denken wir an den klassischen Tür-zu-Tür-Verkauf, den Verkauf von Haushaltsgeräten und ähnlichen Dingen.

Während dieser Zeit gibt es auch die Verkäufer:innen, die zu anderen Firmen gehen und diese besuchen, die ständig unterwegs sind und nur äußerst wenig unterstützende Technik zur Verfügung haben – maximal einen Festnetzanschluss.

Die 80er-Jahre waren die Geburtsstunde des strategischen Verkaufs, der ersten ausformulierten Verkaufsmethodik. Grundlegend bei dieser Methode war es, eine Struktur um den täglichen Arbeitsablauf von Verkäufer:innen zu bauen und entsprechend zu dokumentieren.

Auch die technologischen Weiterentwicklungen unterstützten den/die Verkäufer:in von damals. Parallel zur ersten Verkaufsmethodik, kamen die ersten Handys auf den Markt. Unternehmen, welche sich diese neue Technologie zur Unterstützung ihrer Vertriebsmannschaft leisten konnten, konnten sich einen technologischen Wettbewerbsvorteil erarbeiten. Das Handy unterstützte dabei, die Art und Weise der Kommunikation mit Interessent:innen und Kund:innen zu verbessern.

Der Beginn des Zeitalters der Digitalisierung und die Erfindung des Internets in den 90er-Jahren brachte einen signifikanten Entwicklungsschritt – Informationen auf Knopfdruck. Diesen Vorteil machten sich nicht nur die Vertriebsmitarbeiter:innen, sondern auch die Kund:innen gleichermaßen zu Nutzen. Im selben Ausmaß wie sich nun die Vertriebsmitarbeiter:innen über ihre Kund:innen informieren konnten, hatten Kund:innen plötzlich Zugang zu Informationen über Produkte und

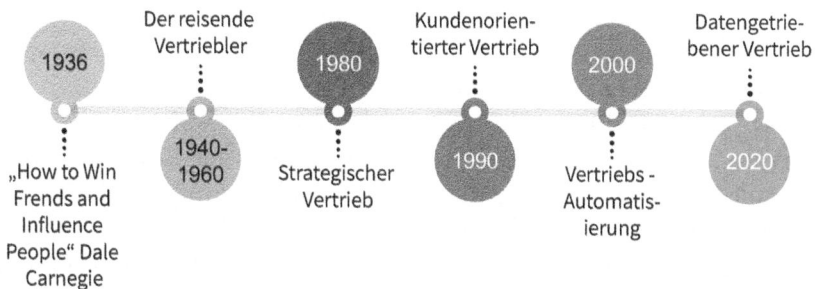

Abb. 2.3 Historische Entwicklung, PDAgroup GmbH (eigene Darstellung)

Dienstleistungen. Mit diesem Fortschritt wurde ein weiteres Element, welches zur Steigerung der Komplexität im Verkauf führt, hinzugefügt. Kund:innen waren wesentlich besser über Angebote und Produkte informiert.

Diverse Arten von neuen Technologien eroberten den Markt in den 2000er-Jahren. Die Unternehmen begannen, Marketing-Tools und Software zu entwickeln, die mit den Vertriebstools interagieren konnten. Das hat die Art und Weise, wie diese beiden Funktionen miteinander kommunizieren und arbeiten, verändert. So wurden zum Beispiel Marketingkampagnen erstellt, die in die Vertriebslösungen einflossen und den Vertriebsmitarbeiter:innen Einblick in alle Aspekte des Prozesses gaben.

Bis ca. 2020 entwickelte sich ein wissenschaftlicher, datengetriebener Verkaufsprozess, bei dem sich künstliche Intelligenz und ähnliche Dinge etablierten. Daten aller Art werden gesammelt, entsprechend analysiert, aufbereitet und an die Verkaufsteams weitergegeben, um besser verkaufen zu können.

Seit den frühen 2020er-Jahren hat sich parallel zum wissenschaftlichen Verkaufsprozess der Fokus auf den Verkauf entlang der Customer Journey etabliert. Hierbei kommen das Customer-First-Mindset sowie der Fokus auf Business Outcomes immer mehr zum Tragen.

Die in den letzten Jahren aufgekommenen neuen Vertriebskanäle beeinflussen und verändern das Verhalten der Käufer:innen in einer noch nie dagewesenen Geschwindigkeit. Es ist zu erwarten, dass sich diese neuen Vertriebskanäle in den nächsten Jahren weiterhin drastisch ändern. Damit erlangt das Vertriebsgeschehen eine zusätzliche Dynamik. Wie schon in den letzten Jahren, werden etablierte Vertriebskanäle komplett wegfallen und völlig neue, heute noch unbekannte Vertriebskanäle werden an Relevanz gewinnen. Allein die Entwicklung des Metaverse wird mannigfaltige Möglichkeiten eröffnen.

Die neuesten Entwicklungen reflektieren des Weiteren die Verlagerung zur Remote-Arbeit als eine der Folgen der Pandemie. Eine besondere Herausforderung für die Enablement-Teams ist es, Dienstleistungen remote zur Verfügung zu stellen. Hierbei handelt es sich um das gesamte Spektrum der Tätigkeiten, von Onboarding über Trainings und Coachings bis hin zur Bereitstellung von Content und vielem mehr. Das bringt uns zu den Herausforderungen des Sales Enablements der Zukunft.

2.6.2 Der Weg vom Problemlöser zum strategischen Partner im Unternehmen

Sales Enablement muss aus der Rolle des Problemlösers des Vertriebs herauswachsen und den Beitrag zu Business Outcomes leisten sowie sich entsprechend positionieren. Dieser Wandel wurde durch den Wandel mit Fokus auf die Customer Journey eingeleitet und wird weiterhin verstärkt. Sales Enablement bietet skalierbare, konsistente Tools und Prozesse über den gesamten Vertriebszyklus entlang der Customer Journey. Großes Augenmerk ist hierbei nicht nur auf die Produktivitätssteigerung im Vertrieb, sondern auch auf die Kommunikation und den Beziehungsaufbau zu legen. Weiter muss Sales Enablement den neuen Arbeitsformen Tribut zollen und sich entsprechend anpassen.

Anpassungen in den entsprechenden Bereichen sind nötig: Onboarding, Coaching, Kennzahlen, Technologie, Change-Management, Zusammenarbeit, Strategie und Führung.

Woher kommt das Budget für Sales Enablement?
Idealerweise ist der Punkt Budget in der Sales-Enablement-Charta integriert. Die Kontrolle des eigenen Budgets ist eine der größten Herausforderungen. Meist werden die Aktivitäten aus anderen Abteilungsbudgets wie Vertrieb, Marketing, Produktmanagement oder Personalmanagement querfinanziert. Zur Sicherstellung eines Sales-Enablement-Budgets ist eine sinnhafte Erfolgsmessung ein kritischer Faktor.

Sales-Enablement-Kennzahlen
Eine gute Mischung von führenden und verzögerten Kennzahlen (Früh- und Spätindikatoren) wird empfohlen, um aufzuzeigen wie effektiv die Sales-Enablement-Aktivitäten die Geschäftsziele unterstützen. Es gibt eine Vielzahl passender KPIs (Key Performance Indicator).

Es gibt viele Faktoren, die zur erfolgreichen Verfolgung der richtigen Kennzahlen und KPIs und zur Korrelation von Enablement-Aktivitäten mit Leistungsdaten beitragen.

- Verstehen Sie die Unterschiede zwischen führenden und verzögerten (Früh- und Spät-) Indikatoren.
- Erstellen Sie Enablement-Pläne nach Rollen und Funktionen.

- Kommunizieren Sie die entsprechenden KPIs im Team.
- Entwickeln Sie eine Lern- und Coaching-Kultur.
- Arbeiten Sie mit den operativen Abteilungen zusammen, um die Systeme und Prozesse für die Skalierung der Korrelationsanalyse zu entwickeln.

Frühindikatoren blicken nach vorne und sind wegweisend. Spätindikatoren geben einen Aufschluss auf das bereits Geschehene. Ein Finanzindikator, wie beispielsweise der Umsatz, ist ein Spätindikator. Frühindikatoren geben Möglichkeit, in Echtzeit zu coachen – zum Beispiel, indem wir uns die Aktivitäten der Vertriebsmitarbeiter:innen oder die Anzahl der getätigten Anrufe ansehen. Spätindikatoren, wie z. B. Umsatz oder Quotenerfüllung, zeigen uns, was bereits geschehen ist. Diese Messgrößen geben uns die Möglichkeit zur Überprüfung und Strategieentwicklung.

Werden Früh- und Spätindikatoren im Tandem gemessen, erhalten wir den ganzheitlichsten Überblick über die Vertriebsleistung.

Um einen größeren Einfluss auf das Unternehmen zu haben, müssen Sie die Aktivitäts-, Umwandlungsraten- und Ergebniskennzahlen verstehen (Tab. 2.2).

> Frühindikatoren sind messbare oder beobachtbare Variablen, welche die Entwicklung vorhersagen, bevor es zu spät ist.

Tab. 2.2 Raten

Aktivitätskennzahlen	Umwandlungsrate	Ergebniskennzahlen
Anzahl gesendeter E-Mails	Entwicklung des Deals	Buchungen
Anzahl getätigter Anrufe	Fortschreiten der Phasen	Durchschnittliche Lead-Antwortzeit
Anzahl geplante Meetings	Gewinnraten	Durchschnittliche Verkaufszykluszeit
Anzahl generierte Opportunities	Kunden-Verlägerungsraten	Durchschnittliches Volumen
		Kosten der Kundengewinnung
		Kunden-Lifetime

Eigene Darstellung, PDAgroup GmbH

Im Enablement wollen wir nicht Monate warten, bis wir herausfinden, dass es ein Leistungsproblem gibt. Wir wollen innerhalb von Tagen und Wochen wissen, wie es um unsere Teams und deren Leistung bestellt ist. Frühindikatoren sind wichtige Vertriebskennzahlen im Verkaufsprozess, um sicherzustellen, dass Vertriebsmitarbeiter:innen auf dem richtigen Weg sind, um ihre Umsatzziele zu erreichen. Frühindikatoren sind in einem Onboarding-Programm für neue Mitarbeiter:innen wichtig, um zu sehen, ob diese die entsprechenden Einstiegsziele zu erreichen.

Beispiele für Frühindikatoren, die einen Einblick in die Vertriebsproduktivität geben, sind:

- getätigte Anrufe
- versendete E-Mails
- geteilte Videos
- Öffnungs- und Antwortraten
- geplante Meetings
- generierte Opportunities
- Wert der generierten Opportunities

Frühindikatoren unterstützen die Führungskräfte und Enablement, die Produktivität zu steigern, Umsatzziele zu erreichen und ein kontinuierliches Wachstum innerhalb des Verkaufszyklus sowie zukünftiges Wachstum zu ermöglichen.

Spätindikatoren sind wie beschrieben reflektierend und messen, was bereits geschehen ist. Ein Spätindikator ist eine Kennzahl, mit der die Wirksamkeit des Vertriebs gemessen werden kann. Er hilft, die bereits erzielten geschäftlichen Auswirkungen zu ermitteln.

Viele Unternehmen konzentrieren sich heute hauptsächlich auf Spätindikatoren wie:

- Umsatzbuchungen
- Quotenerfüllung
- Gewinnrate
- Vertragsverlängerungen
- Kündigungsrate seitens der Kund:innen

Diese sind wichtig, aber Enablement kann nicht viel tun, nachdem Aktivitäten im Prozess geschehen sind. Nicht der direkte Einfluss auf die einzelnen Kennzahlen ist entscheidend. Ein Kernthema bei der Positionierung der Sales-Enablement-Aktivitäten ist es, die Beziehung zu und den Einfluss auf die entsprechenden Aktivitäten zu demonstrieren.

Im Sales Enablement ist die Kenntnis, welche Probleme gelöst werden und welche Vertriebskennzahlen für Sales Enablement am wichtigsten sind, entscheidend. Der Zugang zu Leistungsdaten und Transparenz in Bezug auf Vertriebskennzahlen ist unabdingbar im Austausch mit den Führungskräften.

Basierend auf den oben genannten Indikatoren sind hier die wichtigsten Kennzahlen für das Sales Enablement zur Abstimmung mit Führungskräften und dem Top-Management angeführt:

- Quotenerfüllung
- Verteilung der Quotenerfüllung
- Gewinn-/Verlustquoten
- Länge des Vertriebszyklus
- Geschäftsvolumen
- Zeit bis zur Markteinführung
- Mitarbeiterfluktuation
- Wirksamkeit von Inhalten
- Kundenkontaktzeit (Customer Facing Selling Time)

Datengestützte Gespräche mit Entscheidern und Führungskräften zu führen und Enablement-Strategien und -Taktiken zu entwickeln, ist durch ein klares Verständnis der Kennzahlen möglich.

2.6.3 Effizienz- und Effektivitätssteigerung durch Customer First

Sales Enablement ist einer der Erfolgsfaktoren zur Stärkung des Customer-First-Mindsets. Diese kundenzentrierte Denkweise bei allen Vertriebsmitarbeiter:innen zu schaffen, ist ein Kernbestandteil von Sales Enablement.

KPIs (Key Performance Indicators) für das Monitoring und Controlling der Unternehmensleistung sind etabliert. Im Rahmen von Sales Enablement sollte, wie bereits in der Sales-Enablement-Charta aufgezeigt, die Kundenperspektive in den Vordergrund des Handelns rücken. Hierbei werden Messgrößen, die Kund:innen als wichtig erachten – so genannte Customer Performance Indicators (CPIs) – relevant, um übergeordnete Unternehmensziele zu erreichen. Dabei unterstützt wiederum der mehrfach angesprochene Fokus und die Abstimmung auf die Customer und Buyer's Journey.

Zur Orchestrierung von Enablement-Initiativen ist es entscheidend, dass die Verhaltensveränderung im Vertriebsprozess entlang der Customer Journey sowie die Produktivität der Vertriebsmitarbeitenden gemessen werden. Zusätzlich ist die Implementierung und Messung von CPIs empfehlenswert.

Beispiele für CPIs:

- Wie werden Kundenanfragen beantwortet? Wie zufrieden sind die Kund:innen mit dem Gespräch, der Problemerfassung und den Lösungsvorschlägen?
- Welche Produkte verwenden Kund:innen? Welche nicht?
- Warum sind die Kund:innen unzufrieden?
- Anzahl der Anrufe/Interaktionen mit Mehrwert: Wie oft kommunizieren Vertriebsmitarbeiter:innen mit Kund:innen? Wie effektiv sind die einzelnen Interaktionen?
- Was ist die Zeitdauer der Angebotserstellung und -übermittlung?

Erfolgreiche Vertriebsorganisationen streben nach einem Gleichgewicht zwischen dem Erreichen der besten Ergebnisse und dem optimalen Einsatz von Ressourcen, wobei Kund:innen nicht außen vorgelassen wird, ganz dem Motto entsprechend „die richtigen Dinge auf die bestmögliche Art und Weise zu tun". Sales Enablement eröffnet die Möglichkeit sicherzustellen, dass dies nicht nur erreichbar, sondern auch nachhaltig ist. Idealerweise agieren der Vertrieb und alle Beteiligten in der Kundenansprache als eine Einheit, lückenlos ineinandergreifend wie ein Schweizer Uhrwerk. Feedbackschleifen und effiziente Kommunikation über Kundengespräche zwischen den Vertriebskolleg:innen und anderen kundenorientierten Mitarbeiter:innen sind notwendig, um interne Prozesse zu optimieren. Durch diese Kommunikation sind Interaktionen sowie eine Optimierung basierend auf der Beantwortung folgender Fragen möglich:

- Erfüllen die verwendeten Unterlagen ihren Zweck und bringen sie einen Mehrwert?
- Was sind die Wahrnehmungen/Gedanken der Kund:innen zu den zur Verfügung gestellten Inhalten?
- Tragen die Unterlagen dazu bei, die Kaufentscheidung zu erleichtern?

Training und Coaching haben einen ebenso großen Einfluss auf das Mindset des Teams. Kundenfeedback dient, zusätzlich zu allen weiteren gesammelten Daten, als Basis einer umfassenden Analyse der Wissenslücken innerhalb des Vertriebsteams.

Ein Gleichgewicht zwischen CPIs und KPIs, zwischen Effizienz und Effektivität sollte hergestellt sein. Abgestimmte Kennzahlen, ein Vertriebsprozesse angepasst an die Customer und Buyer's Journey sind entscheidend. Eine Infrastruktur aus Tools, Qualifikation und Inhalten aufzubauen, die das tägliche Arbeiten der Vertriebsmitarbeiter:innen erleichtert und Kund:innen und Interessent:innen die beste Customer Experience bietet, ist das Ziel.

Das Ziel dieses Sales-Enablement-Überblicks ist es, Unternehmen zu unterstützen zu verstehen, dass Sales Enablement ein abteilungsübergreifendes, strategisches Konzept ist, das eine umfassende Koordination, Kollaboration und strategische Umsetzung erfordert.

Ebenso soll das Analysieren und das Verstehen der wichtigsten Rollen zur Unterstützung, Verantwortlichkeiten, Prozesse, Technologie, Inhalte und Metriken, die für den Erfolg unabdingbar sind, sichtbar gemacht werden.

> Zur Einführung eines erfolgsversprechenden Sales Enablement werden folgende Schritte empfohlen:
> 1. Analyse der organisatorischen Rahmenbedingungen
>   (a) Bedarf der Vertriebsunterstützung (Skill- und Mindset)
>   (b) Ausrichtung von Vertrieb und Marketing
>   (c) Vertriebsprozesse
>   (d) Tools & Technologien
> 2. Business Case erstellen
> 3. Sales-Enablement-Charta erstellen
> 4. Einführung und Umsetzung erster Aktivitäten incl. entsprechender KPIs
> 5. Erfolgsmessung und Anpassung zur weiteren Optimierung

Die Einbindung von Führungskräften und Top-Management ist von Beginn an wichtig, um die entsprechende Unterstützung bei der Implementierung und Umsetzung der Aktivitäten zu gewinnen. Sales Enablement unterstützt den Vertrieb mit all den Initiativen und ist nicht für den Vertrieb verantwortlich.

2.7 Praxisbeispiel

Sales Enablement ist ein breit gefächertes Konzept, das viele Bereiche und Abteilungen eines Unternehmens beeinflusst: Onboarding, Coaching, Kennzahlen, Technologie, Change-Management, Zusammenarbeit und Strategie und Führung. Dementsprechend unterschiedlich können auch die Ausgangssituationen sein, weswegen sich Unternehmen dafür entscheiden, eine Sales-Enablement-Strategie einzuführen bzw. umzusetzen. Dieses Praxisbeispiel der Umsetzung einer solchen Strategie beschreibt eine mögliche Ausgangssituation.

2.7.1 Mögliche Ausgangssituation

Ein Kleinunternehmen (laut Definition der WKO bis zu 49 Mitarbeiter:innen und ein Jahresumsatz von bis zu 10 Mio.) verkauft Papier und andere Handelswaren. Es handelt sich bei dieser Ausgangssituation also um einen B2B-Vertrieb (Business to Business). Das Unternehmen hat ein Vertriebsteam bestehend aus 10 Mitarbeiter:innen und ein Marketingteam mit 5 Mitarbeiter:innen.

Das Unternehmen hat einige wenige Großkund:innen und versucht, seine Bestandskund:innen zu erweitern bzw. das Angebot für bestehende Kund:innen weiter auszubauen. Die Kundenakquise findet über Empfehlungen bestehender Kund:innen oder über selektierte Taktiken wie zum Beispiel Cold Calls durch das Vertriebsteam statt. Die Marketingaktivitäten beschränken sich auf die Website des Unternehmens, Newsletter-Marketing an bestehende Kund:innen und einen in der Website integrierten Blog.

Das Management des Unternehmens berichtet Ihnen, als Sales-Enablement-Expert:in, dass die Umsätze des Unternehmens laufend zurückgehen oder gleichbleibend sind und das Vertriebsteam es nicht schafft, seine Quoten zu erfüllen.

2.7.2 Problemidentifikation der Ausgangssituation

Der erste Schritt bei jeder Form der Etablierung oder Einführung einer Sales-Enablement-Strategie ist es, die Probleme des Unternehmens zu identifizieren. Für einen ersten Überblick über die Vertriebssituation eines Unternehmens müssen zunächst Vertriebsabläufe, Marketing-Vorgehensweisen und vorhandener Content (Inhalte), Unternehmensstrukturen (Rolle des Managements, klar definierte Strukturen etc.), verwendete Tools oder Hilfsmittel und der Einsatz von neuen Medien näher analysiert werden.

Für eine detailliertere Analyse der Probleme sollten die zuvor erwähnten Kennzahlen des Sales Enablements (Aktivitätskennzahlen, Umwandlungsrate, Ergebniskennzahlen) – soweit es solche gibt – ebenfalls ins Auge gefasst werden.

Bei einem solchen Szenario lassen sich gleich mehrere Probleme identifizieren:

- kein Einsatz von vertriebsunterstützenden Tools (CRMs)
- Social Selling wird nicht als Vertriebskanal genutzt

- Social Media wird im Marketing nicht eingesetzt
- Marketing-Content wird vom Vertriebsteam nicht zur Kundenakquise eingesetzt
- keine Abstimmung zwischen Marketing und Vertrieb
- Management nennt nur Spätindikatoren als Grundlage für den Erfolg des Vertriebsteams, was darauf hindeutet, dass das Management zu spät handelt

Diese Probleme sind nur einige der möglichen in diesem Szenario. Auf weiteres Nachfragen können weitere Defizite identifiziert werden, wie beispielsweise, ob es einen etablierten Onboarding-Prozess im Unternehmen gibt, ob das Vertriebsteam regelmäßig geschult und weitergebildet wird oder, ob das Unternehmen wirklich kundenzentriert arbeitet (Customer Experience Management) usw.

2.7.3 Lösungsansätze des Sales Enablements

Nachdem die Probleme des Unternehmens identifiziert wurden, muss auf dieser Basis eine Sales-Enablement-Strategie entwickelt werden. In erster Linie geht es in diesem Szenario darum, die Defizite in weiterer Folge auszubessern, jedoch sollte immer bedacht werden, dass Sales Enablement ein nie endender Prozess ist. Es sollte nicht nur als Problemlöser fungieren, sondern ein strategischer Partner im Unternehmen werden. Dafür ist die Einstellung eines Sales-Enablement-Manager:in dauerhaft empfehlenswert, der diese Aufgabe erfüllt und als Schnittstelle zwischen den kundenorientierten Teams fungiert.

Um die Probleme des Unternehmens unseres Praxisbeispiels zu lösen, muss eine nachhaltige Sales-Enablement-Strategie aufgestellt werden. Die Punkte in Tab. 2.3 sollten dabei berücksichtigt werden.

2.7.4 Ausblick und weitere Schritte

Nach der Erarbeitung einer Sales-Enablement-Strategie für unser Praxisbeispiel geht es an die Umsetzung dieser Strategie. Wie bereits

Tab. 2.3 Säulen einer Sales-Enablement-Strategie

Tools	Etablierung vertriebsunterstützender Tools: CRMs (Customer Relation Management Tools) Projektmanagement-Tools Nutzung von Social Media/Social Selling allgemeine/zusätzliche Kommunikationstools, die benötigt werden
Content	Etablierung von Sales Enablement Content: Blogs Newsletter Social-Media-Seiten (für das Unternehmen sowie die Vertriebsmitarbeiter:innen) Whitepaper Videos Expert Talks Artikel/andere Arten von Publikationen
Kennzahlen	Übergeordnete Daten: Definieren von OKRs (Objective and Key Results) Definieren von KPIs (Key Performance Indicators) Implementierung und Messung von CPIs (Customer Performance Indicators) Spätindikatoren: Umsatzbuchungen Quotenerfüllung Gewinnrate Vertragsverlängerungen Kündigungsrate seitens der Kund:innen Frühindikatoren: Aktivitätskennzahlen Umwandlungsrate Ergebniskennzahlen Weitere wichtige Kennzahlen für Sales Enablement: Quotenerfüllung Verteilung der Quotenerfüllung Gewinn-/Verlustquoten Länge des Vertriebszyklus Geschäftsvolumen Zeit bis zur Markteinführung Mitarbeiterfluktuation Wirksamkeit von Inhalten Kundenkontaktzeit (Customer Facing Selling Time)
Training & Coaching	regelmäßige Mitarbeitergespräche Definieren von KPIs individuell für jeden Mitarbeiter:in regelmäßige Fort- und Weiterbildungen für Teams sowie individuell für Mitarbeiter:innen definierter Onboarding-Prozess

Eigene Darstellung, PDAgroup GmbH

erwähnt, ist es essenziell für eine nachhaltige Sales-Enablement-Strategie, dass es eine:n Sales-Enablement-Manager:in im Unternehmen gibt, der/die dafür sorgt, dass die Kommunikation zwischen den kundenorientierten Teams aufrechterhalten bleibt und die Strategie auch umgesetzt wird. Sales-Enablement-Manager:innen sind aber mehr als die Schnittstelle zwischen verschiedenen Abteilungen, sie fungieren als Motivator:innen und Orchestrator:innen für die Mitarbeiter:innen eines Unternehmens und müssen in allen Belangen mit gutem Beispiel vorangehen.

Sales Enablement soll und kann die Probleme des Unternehmens nicht kurzfristig lösen und anschließend wieder von der Bildfläche verschwinden. Sales Enablement ist kein einmaliger Prozess, sondern eine Unternehmensphilosophie, die auch so gelebt werden muss. Kundenzentriertheit und Mitarbeiterzufriedenheit stehen im Fokus für eine erfolgreiche Umsetzung.

2.7.5 Sales-Enablement-Charta für das Praxisbeispiel

In Tab. 2.4 finden Sie eine beispielhafte Sales-Enablement-Charta.

> **Ihr Transfer in die Praxis**
> - Wie kann Sales Enablement als ganzheitlicher Ansatz unterschiedliche Bereiche in Ihrem Unternehmen unterstützen, sich vertriebs- und kundenorientiert auszurichten?
> - Welche Elemente prägen die Implementierung von Sales Enablement in einem Unternehmen?
> - Ein Praxisbeispiel unterstützt den Transfer in das eigene Umfeld.

Tab. 2.4 Sales-Enablement-Charta

Ziele	Steigerung des Umsatzes um XY % durch Identifizierung von Up- und Cross-Selling-Möglichkeiten durch gezielte Vertriebsschulungen
	Verkürzung der Sales-Pipeline-Laufzeit eines Leads um XY % durch Einführung von Sales-Enablement-Tools
	Steigerung in der Neukundenakquise um XY % Leads durch den Einsatz von Social Selling
Taktik	Aufbau von Grundkenntnissen des Vertriebsteams. Einführung von gezielten und regelmäßigen Vertriebsschulungen, um die Produktivität der Vertriebsmitarbeiter:innen zu steigern.
	Vertriebsschulungen zum Thema Up- und Cross-Selling sowie Social Selling.
	Einführung eines CRM-Tools.
	Einführung von Social Selling als Vertriebskanal: Erstellen von Social-Media-Profilen des Vertriebsteams.
	Erarbeitung einer Content-Strategie in Abstimmung mit dem Marketing
Stakeholder	Primär: Level, Sales-Management, Marketing-Management, Sales-Team, Marketing-Team
	Sekundär: Produktmanagement, Personalmangement
Schlüsselergebnisse	6 Monate:
	CRM-Tool ist eingeführt und in den Vertriebsprozess integriert
	Basis für Social Selling ist in Vertrieb & Marketing gelegt
	Fortbildungen (intern & extern) zum Thema Up- und Cross-Selling
	Fortbildungen zum Thema Social Selling
	6–12 Monate:
	Anstellung eines Sales-Enablement-Managers
	Bereitstellung einer Plattform für Fortbildungen und Inhalte (intern) zum Thema: Sales Enablement
	Weiterentwicklung der Social-Selling-Strategie
	Einführung von Sales-Enablement-Content (extern): Videos, Blogs, Expert Talks, ...
Kennzahlen	Länge des Vertriebszyklus
	Deal-Umfang
	Wirksamkeit von Inhalten
	Internes „Quiz" zu Kompetenzen von Neu-Erlerntem
Budget	Benötigtes Budget: XY €
	30 % des Budgets: Implementierung und Einführung des CRM-Tools
	50 % des Budgets: Fort- und Weiterbildungen
	20 % des Budgets: zusätzliche Tools

Eigene Darstellung, PDAgroup GmbH

Literatur

Dugdale, K., und D. Lambert. 2011. *Smarter selling: how to grow sales by building trusted relationships*. New Jersey: Prentice Hall. ISBN-13 978-0273750444.

Jefferson, Roderick. 2021. *Sales enablement 3.0: The blueprint to sales enablement excellence*. Los Angeles: Poppy Bridge Publishing. ISBN 978-1736190913.

Matthews, Bryon, und Tamara Schenk. 2018. *Sales enablement*. Los Angeles: Poppy Bridge Publishing. ISBN 978-1-119-44027-7.

Melissa Madian, T. 2020. *Enabler? I hardly know her!*. Los Angeles: Poppy Bridge Publishing. ISBN 978-0-2288-4044-2.

Sales Enablement Society. 2021. www.sesociety.org. Zugegriffen am 01.07.2021.

State of Sales Enablement. 2021. https://salesenablement.pro/assets/2021/05/2021-State-of-SE-Report_SE-PRO.pdf. Zugegriffen am 24.03.2022.

Walker, G. 2016. *The CustomerCentric selling® field guide to prospecting and business development: Techniques, tools, and exercises to win more business*. New Jersey: Mc-Gray Hill Education. ISBN-13 978-0071808057.

3

Der praktische Start in Sales Enablement

Was Sie aus diesem Kapitel mitnehmen
- Wie Sie den praktischen Start ins Sales Enablement finden
- Welche Methodik dabei hilft, eine Sales-Enablement-Strategie zu entwickeln
- Welche Voraussetzungen für diese Sales-Enablement-Strategie wichtig sind
- Warum Weiterbildung, Training und Coaching essenziell im Sales Enablement sind
- Welchen Stellenwert Content im Sales Enablement besitzt
- Wie die Umsetzung einer Sales-Enablement-Strategie anhand eines Beispiels aussehen kann

Wie in den vorangegangenen Kapiteln beschrieben, haben sich die Aufgaben und Aktivitäten im Verkauf maßgeblich verändert. Die Digitalisierung und im Speziellen Covid-19 haben diese Entwicklung beschleunigt. Wie kann nun die Gesamtherausforderung Sales-Enablement-Strategie und ihre Umsetzung in einem Unternehmen angegangen werden? Es gibt jedoch viele Tools und im Rahmen von Sales Enablement auch zahlreiche Angebote dazu, wie zum einen der Vertriebsprozess organisiert werden kann, und wie zum anderen Methoden und Werkzeuge den Verkauf in diesen neuen Herausforderungen unterstützen können. In diesem Kapitel geht es nun um die aktive Umsetzung der Sales-Enablement-Strategie. Wie können Sie den Canvas erfolgreich einsetzen, um eine Strategie zu entwickeln? Welche anderen Methoden begleiten Ihre Firma zusätzlich, um die Umsetzung zu schaffen?

3.1 Der Verkaufsprozess angepasst an das Kundenverhalten

Das Kundenverhalten hat sich in den letzten Jahren drastisch verändert. Die Kund:innen sind wesentlich informierter schon bevor jeglicher Kontakt mit einer Firma zustande kommt. Zudem sind Kaufprozesse oftmals komplexer geworden, und sie müssen mehr Abteilungen und Entscheidungsträger:innen berücksichtigen. Diese Veränderungen müssen auch auf Vertriebsseite integriert werden. Erschwert wird diese Tatsache von einer dynamischen Weiterentwicklung im Bereich Vertriebskanäle und persönlichem Verhalten, weshalb neu etablierte Prozesse auch einem steten Review-Prozess zu unterziehen sind.

Die Zusammenarbeit mit Kund:innen wurde durch Social Selling leichter und komplexer in einem. Die Nutzung von virtuellem Vertrieb, virtuellen Präsentationen und vielem mehr, kann eine schnellere Ansprache der Kund:innen begünstigen. Zusätzlich können Vertriebsaktivitäten durch Künstliche Intelligenz und Business Intelligenz unterstützt, und auch Weiterbildungselemente können durch Künstliche Intelligenz verbessert werden.

Ein weiterer wesentlicher Punkt ist die Zusammenarbeit zwischen Marketing und dem Vertrieb, diese verändert sich im Rahmen des Sales Enablements maßgeblich – gemeinsam, nicht allein und getrennt.

Als Startpunkt in alle Sales-Enablement-Aktivitäten ist neben der genauen Identifizierung von Verantwortlichen, Werten, Treibern und Sponsoren der Status quo und damit der genaue Ausgangspunkt aller Koordination und Enablementaktivitäten. Diese starten erfahrungsgemäß mit einem Sales-Enablement-Canvas, einer Status-quo-Analyse über alle unterschiedlichen Bereiche – Kunden- und Käuferverhalten, interne Prozesse und Systeme, bis hin zum Mindset (Abb. 3.1).

Abb. 3.1 Der Enablement-Prozess, PDAgroup GmbH (eigene Darstellung)

3.2 Sales-Enablement-Canvas

Zur Unterstützung der Ausarbeitung der Charta bzw. in alle Sales-Enablement-Aktivitäten empfiehlt die Ausarbeitung des Sales-Enablement-Canvas (wie schon in Kap. 2 angeführt). Das zentrale treibende Prinzip im Sales Enablement besteht darin, die gesamte Organisation bei der Erreichung ihrer wichtigsten strategischen Ziele zu unterstützen. Daher erfordert die Entwicklung der idealen Sales-Enablement-Strategie eine vollständige, ganzheitliche Sicht und ein umfassendes Verständnis Ihres Unternehmens.

> Der Sales-Enablement-Canvas wurde ausschließlich entwickelt, um Sie mit spezifischen Fragen durch die Definition und Strategie-Entwicklung von Sales Enablement zu führen, und dabei ein ganzheitliches Bild auf alle einfließenden Elemente und Bereiche zu behalten.

Dabei lässt der Canvas unterschiedliche Umsetzungen zu, da es in diesem Bereich keine spezifische Lösung oder eine einheitliche Methode zum Aufbau Ihrer Sales-Enablement-Einheit gibt. Sie sollten es auf die individuellen Bedürfnisse und verfügbaren Ressourcen Ihres Unternehmens anwenden.

Der Canvas visualisiert die Zusammenhänge zwischen Ihren übergreifenden strategischen Zielen, aus denen Sie Ihre strategischen Vertriebs- und Marketingziele ableiten und schließlich Ihre Sales-Enablement-Ziele ableiten. Grundlage dazu bilden zunächst die akuten Herausforderungen in Kund:innen zugewandten Interaktionen, sowie die genaue Definition der Treiber und Verantwortlichkeiten. Gerade diese ist essenziell, um eine Akzeptanz und Wirkweise des Sales Enablements in Unternehmen durchsetzen zu können.

Zentral für die Wirkweise ist die Vision und Mission von Sales Enablement. Die Arbeitsweise und Aktivitäten müssen letztlich auf diese abgestimmt sein. Anschließend geht es darum, die einzelnen Handlungsschritte zu identifizieren. Die letzte Phase des Sales-Enablement-Canvas ist es, Ihre zukünftigen Enablement-Aktivitäten innerhalb der drei Säulen und der grundlegenden Führungsebene zu bestimmen.

Während sich die linke Seite des Canvas mit dem Status quo beschäftigt, geht es in der rechten Seite um die Vision und Erfolge, die durch Sales Enablement erwirkt werden sollen. Um eine Akzeptanz und gute Erfolge der Enablement-Strategien zu erhalten, ist der direkte Bezug zu den Unternehmens-, Sales- und Marketing-Zielen grundlegend.

Schließlich können Sie diese miteinander verknüpften Ziele mit anderen Strategien aus kundenorientierten Abteilungen kombinieren, was zu Ihrem Sales-Enablement-Canvas führt (Abb. 3.2). Durch diesen Prozess wird transparent, dass die Sales-Enablement-Einheit nicht nur den kundenorientierten Teams dient, sondern auch den übergeordneten Zielen Ihres Unternehmens.

Auf einer allgemeinen Ebene erfordert es zunächst, dass Sie die kundenseitigen Herausforderungen und Chancen Ihres Unternehmens sowohl aus interner als auch aus externer Sicht analysieren. Anschließend müssen Sie die Kategorien der teilnehmenden Personen definieren, die an Ihren Aktivierungsaktivitäten und Ihrer Strategie beteiligt sind. Anschließend werden Sie gebeten, die strategischen Ziele für Organisation, Vertrieb und Marketing sowie KPIs zu skizzieren. In diesem Abschnitt wird sichergestellt, dass die folgenden Schritte, die die Schwerpunktbereiche der Vertriebsunterstützung abdecken, auf die vorgegebenen Ziele Ihres Unternehmens ausgerichtet sind. Wenn nicht bereits dokumentiert, bietet dies die perfekte Gelegenheit, die Vision und Mission Ihrer Enablement-Einheit zu definieren, zu gestalten und zu formen.

Wir nutzen Design-Thinking-Methoden, um die Erfahrungen aus der Entwicklung der Ergebnisse Ihres Canvas systematisch durchzuarbeiten.

3.3 Evaluation des Status quo – Relevante Faktoren

Der Startpunkt, um im Sales Enablement relevante und effektive Maßnahmen zu setzen, ist eine fundierte Status-quo-Analyse. Da Sales Enablement einen multidisziplinären Ansatz zur Steigerung der Vertriebsperformance hat, sollte diese auch alle kundenorientierten Unternehmensbereiche, insbesondere Marketing, Vertrieb und Produktentwicklung, beinhalten.

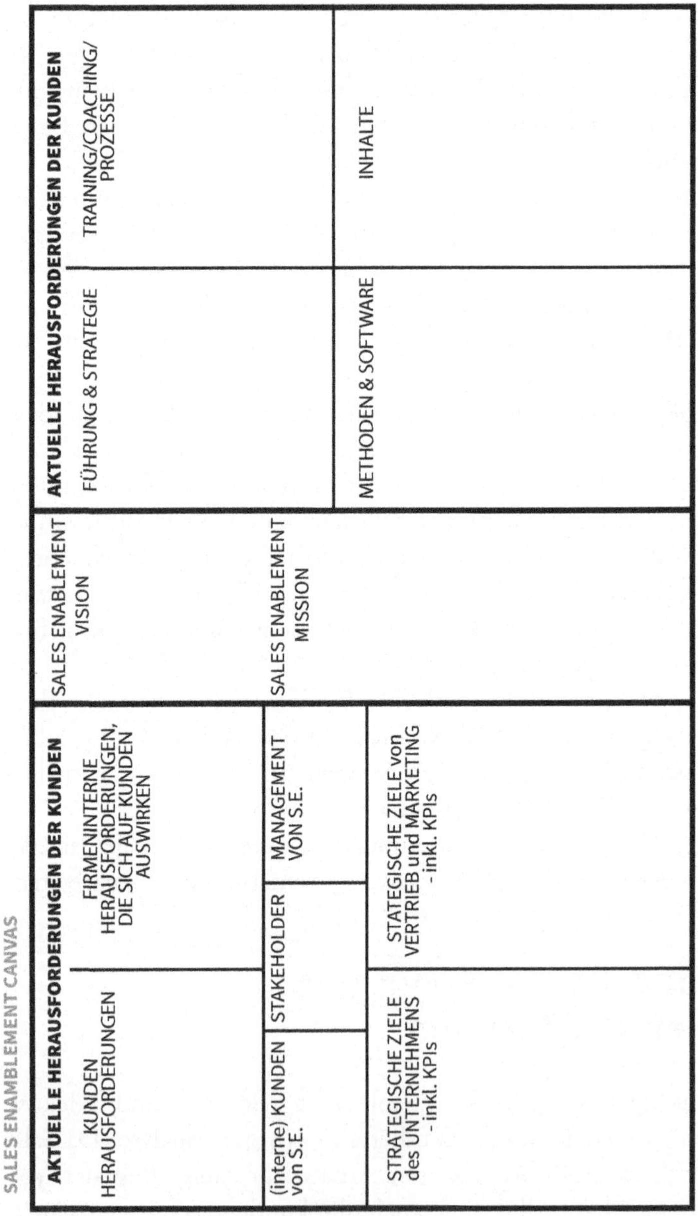

Abb. 3.2 Sales-Enablement-Canvas, PDAgroup GmbH (eigene Darstellung)

Dabei geht es um sowohl funktionelle und erfolgreiche Prozesse der Zusammenarbeit und im Kundenkontakt als auch um Herausforderungen. Letztendlich kann dann sichergestellt werden, dass die entwickelten Aktivitäten exakt ineinandergreifen und alle auf dieselben strategischen Ziele hinarbeiten.

Eine erfolgreiche Abstimmung zwischen den Abteilungen, klare Prozesse und wiederholte Verwendung von Marketing Collateral hilft eine klare und kohärente Kundenansprache zu entwickeln und spart darüber hinaus massenhaft Zeit und Ressourcen. Der Aufwand beim Einrichten dieser Prozesse kann im operativen Geschäft durch das Anwenden der zuvor erarbeiteten und abgestimmten Prozesse relativ gering gehalten werden bzw. trägt diese strukturierte Vorgehensweise wesentlich zur Schonung der Ressourcen bei.[1]

Bei einer Status-quo-Analyse geht es auf der einen Seite um die interne Abstimmung der Abteilungen miteinander, mit einem Grundfokus auf die Käufer-Journey. Das bedeutet alle Interaktionen, die Kund:innen mit einer Firma haben. Diese wollen entlang der gesamten Kommunikation eine gemeinsame Sprache und einen kohärenten Inhalt transportieren – und gleichzeitig zu jeder Zeit relevant sein. Das heißt genau die Informationen transportieren, die in genau diesem Moment gefragt sind. Diese Kundenzentrierung ist ein großer Sprung vom bisherigen Vertriebsweg, bei dem viel von den Unternehmen aus getrieben und gesteuert werden konnte.

Diese Informationen unterstützen sowohl das Marketing als auch den Vertrieb bei einer auf den Markt ausgerichteten Strategie-Umsetzung. Diese Analysen können über Kundenbefragung, Anlage von Customer Journey Maps, Analysen über den eigenen Social-Media- und Webauftritt ergänzt werden, um ein umfassendes Bild zu erhalten.

Auf Basis dieser Informationen kann die Sales-Enablement-Strategie entwickelt werden. Dabei empfiehlt es sich, mit schnellen Erfolgen und „low hanging fruits" zu starten, um mit ersten schnellen Erfolgen in das Sales Enablement zu starten und die Akzeptanz der Maßnahmen zu erhöhen.

---

[1] Laut Susanne Heckel (Seismic) nutzen Vertriebskollegen bis zu 50h im Monat zum Suchen und Erstellen passender Marketingunterlagen. https://www.youtube.com/watch?v=TEBqf4zswBw&list=PLBqk8ueGef07ZOpId2Ksko-8c3lYoaRe-&index=3.

3.4 Schaffung der richtigen Voraussetzungen

Gerade mit Hinblick auf unsere aktuelle wirtschaftliche und globalpolitische Situation werden langfristige Planungen und Kennzahlen immer schwieriger richtig einzuschätzen sein. In den letzten Jahren hat unsere Situation der VUCA-Welt (Volatile, Uncertain, Complex und Ambigous) eine weitere Charakterisierung bekommen: BANI (Brittle/brüchig, Anxious/ängstlich, Non-Linear/Nicht-Linear und Incomprehensible/unverständlich) (Grabmeier 2020). Aufgrund der anhaltenden Auswirkungen der Pandemie, der Klimakrise und auch der geopolitischen Krise, sind die Grundlagen des täglichen Lebens und der Wirtschaft komplett überholt worden. Situationen können von sehr schnell zum vollständigen Zerbrechen von Erfolgsmodellen und Methoden führen. Es herrscht eine eher ängstliche Grundstimmung, was die Zukunftsaussichten betrifft, vor. Entwicklungen sind unerwartet und oftmals kann das aktuelle Geschehen nicht mehr verstanden werden.

Wenn nun aber gradliniges Planen wegfällt, so ist es nurmehr möglich, sich auf das Schaffen von guten Rahmenbedingungen zu fokussieren. In diesem Zusammenhang ist es wesentlich, die Grundlagen für eine selbstgesteuerte Weiterbildung zu entwickeln.

Was bedeutet jedoch Lernen in diesem Zusammenhang? Martin Heidegger sagt: „Lehren ist schwerer als Lernen, weil Lehren heißt: Lernen lassen!"

Es ist notwendig, Lernenden das richtige Umfeld für ganzheitliches und selbstgesteuertes Lernen zu geben. Sie müssen sich über ihre Fähigkeiten und ihre Orientierung klar werden und sich auf Basis dieser Erkenntnis auf ihr künftiges „kognitives, psychometrisches, emotionales und soziales Lernen" konzentrieren. Dabei hat sich gezeigt, dass ein unternehmensweiter Wandel der Haltung gegenüber Lernen und Neuem, inklusive der Unternehmensführung und dem Management, notwendig ist, damit dieser Wandel erfolgreich funktionieren kann.

> Eine erfolgreiche Lernkultur startet mit dem Buy-In und der Partizipation der Unternehmensführung. Diese muss aktiv in den Change-Prozess mit einbezogen werden, um einen strukturellen und langfristigen Erfolg zu kreieren.

3.5 Weiterbildung, Training & Coaching

Unser Wissen verdoppelt sich momentan alle vier Jahre. Um mit diesem exponentiellen Zuwachs an Informationen klar zu kommen, müssen sich die Unternehmen und deren Mitarbeiter:innen stetig an die neuen Situationen anpassen. Weiterbildung und Erlernen völlig neuer Kompetenzen sowie das selbstreflektierte bzw. selbstgesteuerte Lernen von allen Mitarbeiter:innen sind essenziell, um den Anschluss nicht zu verlieren.

Auch im Vertrieb gibt es unterschiedliche Taktiken, hier up-to-date zu bleiben. Welche Maßnahmen Unternehmen im Bereich von Trainings- und Coachingangeboten anwenden, anbieten und einsetzen können, um den Veränderungsprozess in der Organisation, die sich im Vertrieb entwickeln möchte, voranzutreiben, wird in diesem Unterkapitel beschrieben.

Weiterbildung als Basis zur Entwicklung der Mitarbeiter:innen im Sales Enablement
Lernen und noch mehr die Bereitschaft lernen zu wollen, stellt in Veränderungsprozessen einen wesentlichen Baustein für die Weiterentwicklung von Organisationen dar. Change-Prozesse in modernen Unternehmen sind meist begleitet von Ausbildungsmaßnahmen. In der Regel findet die Weiterbildung nicht nur für die Führungskräfte, sondern für alle Betroffenen statt. Nur wenn die Mitarbeiter:innen eines Unternehmens bereit sind, sich zu verändern und dazuzulernen, und wenn die Basis für Lernen geschaffen wird, können Erneuerungen stattfinden.

> Selbstgesteuertes Lernen ist der selbst auferlegte Drang der Weiterentwicklung. Ganzheitliches Lernen ist im Zusammenhang der Person mit ihrer Gesamtheit in Bezug auf die Vergangenheit und Zukunft der Lernentwicklung zu betrachten.

Es ist eine interessante Tatsache, dass in den ersten drei Monaten nach Eintritt in eine neue Tätigkeit generell eine geringe Lernentwicklung erfolgt. Die neuen Mitarbeitenden sammeln Informationen, stellen viele Fragen und nehmen ganz einfach die neue Umgebung wahr. In den nächsten 18 Monaten ist die höchste Lernentwicklung zu verzeichnen, die in der Folge abflacht und nach 36 Monaten findet nahezu keine Veränderung mehr statt. Eine ähnliche Entwicklung ist bei einem Wechsel innerhalb eines Unternehmens in neue Aufgaben oder Abteilungen, oder bei einem Wechsel in einen neuen Job zu beobachten. Insgesamt 160 speziell ambitionierte Personen, die Ziele vor Augen haben bzw. veränderungs- und entwicklungsbereit sind, suchen in einer stagnierenden Situation nach neuen Herausforderungen. Es geht in diesem Zusammenhang um die Person selbst und erst in späterer Folge um ihre Beziehung zur Organisation. Weitere Informationen zum Thema in Weiterbildung in Veränderungsprozessen (Kilian 2009).

Lernmodelle
Heutzutage gibt es mannigfaltige Lernmodelle. Dabei haben diese zwei Grundlagen gemein: aktives Lernen einerseits und das direkte Umsetzen von Lernelementen andererseits, um Fähigkeiten möglichst nachhaltig zu lernen und zu trainieren (z. B. 70/20/10 Modell – bei dem es darum geht, möglichst 70 % des Lernens in angewandtem Setting zu erleben, 20 % des Lernens durch Soziales Lernen und lediglich 10 % des Lernens in einem traditionellen Lernerlebnis (Doll 2021)).

Es gilt, eine grundlegende Verhaltensänderung im Lernen zu erreichen. Ausgehend von einem eher konsumgetriebenen Lernen (das Vorschreiben und Anbieten von Inhalten, eher passive Lernmöglichkeiten, Wissensüberprüfung und Bewertung – getrieben von wenigen), geht es um ein komplett neues Denken von Lernen und Lehren. Dabei wird nicht länger „auf Vorrat" gelernt, sondern die Wissenselemente müssen direkt in dem Moment und an der Stelle zur Verfügung stehen, wo sie auch benötigt werden. Moderne Learning-Management-Systeme und Sales-Enablement-Plattformen helfen hier stark, diese Anforderungen zu erfüllen.

Lernelemente sind viel stärker in Mikrolearnings, also kleinen Lernhappen, verpackt. Diese kleineren Elemente enthalten jeweils einen abgeschlossenen Teilaspekt und können Stück für Stück durchgearbeitet werden. Der Gestaltung der Mikrolearnings sind dabei keine Grenzen gesetzt. Es gibt natürlich viele interessante Aspekte wie Storytelling, Gamification etc., die die Lernenden interessieren und interaktiv halten wollen. Aufgrund von überall verfügbaren Informationen werden Angestellte immer ungeduldiger bei aufwändigen und schlecht entwickelten Lerninhalten.

Dabei müssen sich auch Lehrende auf neue Methoden der Didaktik, eine neue Selbstständigkeit und eine neue Geschwindigkeit der Wissensvermittlung und Vermehrung einstellen.

Wissensmanagement
Bei einem schnell wachsenden Wissen in unserer Gesellschaft, und immer komplexeren Sachverhalten, bekommt eine Weitergabe und Organisation von Wissen aus der Kooperation der Mitarbeiter:innen heraus eine stärkere Relevanz.

Im Gegensatz zu Lernstrategien, bei denen Mitarbeitende mehr Information aufnehmen und internalisieren sollen, ist beim Wissensmanagement der erste Schritt, Informationen von den Mitarbeitenden zu externalisieren. Wichtig wird dies, um Synergien zwischen einzelnen Personen und ganzen Abteilungen zu schaffen, denn in der heutigen Netzwerkgesellschaft hilft Kollaboration, um mehr Wissen zu erhalten. Zusätzlich bringt eine stärkere Fluktuation als noch vor einigen Jahren weitere Herausforderungen mit sich.

Hindernisse, die beim Wissensmanagement auftauchen, sind sehr oft systemisch bedingt und erst in zweiter Linie von Einzelnen getrieben. Daher sind systemische und organisatorisch getriebene Änderungen gefragt:

- Komplexität von Wissen:
  Bei dem Versuch, Wissen in irgendeiner Art und Weise zu sammeln und zu kategorisieren, gibt es mannigfaltige Möglichkeiten. Man spricht von implizitem (erworbenes Wissen, jedoch nicht klar dokumentiert) und explizitem (klar dokumentiertes Wissen) Wissen. Implizites Wissen kann beispielsweise mittels der Methode Debriefing erfasst werden. Explizites Wissen ist ja schon dokumentiert und kann so bereitgestellt werden.
- Bereitschaft zur Transparenz:
  Heutzutage ist es schon alleine durch die technischen Möglichkeiten einfacher, vollständige Transparenz zu erschaffen. Gerade in Zeiten

von Cloudlösungen und geteilten Unterlagen, ist das transparente Arbeiten eine Frage der Bereitschaft, Kultur und Haltung. Insbesondere hier können Hindernisse auftauchen, die es gilt abzubauen. Das funktioniert bei einem auf Team-Kultur und Team-Kollaboration fundierten Team, bei Teams von Einzelkämpfern werden viele Chancen vergeben.

- Zeitliche Ressourcen:
  Dokumentation, Weitergabe von Wissen und Lernen ist eine zeitintensive Aufgabe. Hier geht es wieder um die Priorisierung von der Unternehmensleitung aus, dass diese Aufgabe genauso wichtig und erfolgreich ist.
- Fehlende Kohärenz und informelle Wege:
  Durch die verstärkte Remote-Work-Arbeitsweise fallen zufällig (informative) Begegnungen in der Kaffeeküche oder am Gang weg. Teamstrukturen können in ihrem Zusammenhang leiden, Informationskanäle können wegbrechen, und damit wird auch viel Wissen nicht weiterverbreitet. Dieses Wissen sollte nicht unterschätzt und durchaus auch weitergegeben werden.

Letztlich geht es hierbei rein um eine Frage der Haltung und Team-Kultur.

Die Basis für die Weitergabe von Wissen ist eine offene Lernkultur im Unternehmen und die Auseinandersetzung mit der Problemstellung des Lernens in Organisationen. Dabei hat sich das Leitparadigma der Netzwerk-Gesellschaft durchgesetzt. Doch dieses Mindset ist noch nicht überall verbreitet. In vielen Unternehmen wird Wissen immer noch in Abteilungen bzw. von Führungskräften „gehortet", wobei in einer ersten Analyse vielfach nicht klar ist, warum dies geschieht. Daher ist zuerst zu klären, aus welchem Grund dies erfolgt und wie dies geändert werden kann. Ein wichtiger Schritt ist die Bewusstwerdung der Gründe, die Lernen im Unternehmen bzw. bei Personen verhindern.

Sind alle Ebenen positiv bereitet und ein Prozess der strukturierten Weitergabe von Wissen in einem wiederkehrenden Kreislauf der Verbesserung der Vermittlung definiert, können Unternehmen als lern- und wissensorientierte Organisation bezeichnet werden. Eine wesentliche Grundlage für die Entwicklung von Wissen ist das Erkennen von implizitem und explizitem Wissen.

> **Explizites Wissen:** Systeme, Verfahren, Technologien, Richtlinien, Patente, Marken – all dies ist methodisch und systematisch erworbenes Wissen und kann mit Hilfsmitteln der IT-Technik übermittelt und gespeichert werden.
> **Implizites Wissen:** Kultur, Werte, Können, Intuition, Organisationswissen, informelle Netzwerke – beruht auf Intuition, Kultur, Werte und Gefühlen. Es ist für die betroffene Person ein nicht bewusstes Wissen und daher auch schwer transferierbar.

Zusammenarbeit der Generationen

Eine große Herausforderung im heutigen Vertrieb ist das Aufeinanderprallen der unterschiedlichen Generationen, nämlich Digital Natives und Digital Adopters. Die jungen Generationen sind mit modernen Vertriebsplattformen und Techniken wesentlich vertrauter, auch wenn ihnen die Branchenkenntnisse und Erfahrungen fehlen. Dadurch kommt es zu einer Spannung zwischen den Generationen, der für das Unternehmen und auch die Mitarbeitenden gewinnbringend gelöst werden muss. Hier ist es essenziell, das Vertriebsteam als Team zu verstehen, sodass sich die unterschiedlichen Mitarbeitenden gegenseitig unterstützen. Dabei ist oftmals, gerade mit Remote Work und Außendienst noch weniger Teamgefühl vorhanden. Hier sind eindeutig Lernkultur und Manger:innen gefragt.

Gerade auch bei der Zusammenarbeit ist der Gedanke „H2H" – also „Human to human" essenziell. Wir verkaufen nicht an Firmen, sondern an Menschen, die für Firmen arbeiten. Dadurch haben Netzwerke, Kooperationen und informelle Wege weiterhin einen sehr hohen Stellenwert. Diese können durch eine gemeinsame Wir-Kultur im Team besser genutzt werden. Dabei sind natürlich auch generationenübergreifendes Netzwerken und Unterstützen an der Tagesordnung. Solch divers aufgestellte Teams können viel schneller einen Abschluss bekommen, als inkohärente Teams.

Lernen und Training im Vertrieb

Daneben ist eine Integration der neuen Lerninhalte in den Arbeitsalltag wichtig. Lernen findet dann, wenn benötigt, in kleinen Häppchen (Mirkolearnings) statt. Denn nur so kann eine kontinuierliche Integration in den Arbeitsalltag gewährleistet werden. Daneben gibt es einige Grundvoraussetzungen für modernes Lernen, wie zum Beispiel, dass die Lerninformationen leicht und intuitiv zugänglich sind. Das bedeutet, sie sind direkt da zu finden, wo sie auch gelernt werden sollen. Also mobil und auch am POI (Point of Interest). Moderne Sales-Enablement-Software inkludiert Informationen und Lernelemente genau an dem Punkt, wo sie verwendet wird.

Zusätzlich sind Übungsmöglichkeiten und gezieltes Training (entlang des gesamten Verkaufszyklus – vom ersten Gespräch bis zum Abschluss) abseits von realen Kund:innen elementar. Neue Konzepte, Fragetechniken und Präsentationen müssen in einem geschützten Rahmen ausgetestet werden können. Dazu benötigte Gelegenheiten und Ressourcen (insbesondere Zeit ist hier ein elementarer Teil, der im betrieblichen Lernen oftmals zu kurz kommt) sind den Vertriebsmitarbeiter:innen zur Verfügung zu stellen. Es hat sich gezeigt, dass herausforderndes Training, das im Falle „härter" als echte Kundenakquise ist, bessere Erfolge zeigen kann (Winters 2018).

> Versuchen Sie bei der Erstellung von Trainings und abgeleiteten Weiterbildungsplänen innerhalb Ihres Unternehmens eine ganzheitliche und auf Partizipation basierende Methode zu wählen.

Coaching
In den letzten Jahren hat sich Sales-Coaching als die Methode etabliert, die den Unterschied machen kann. Sales-Coaching hat nachweislich den größten Einfluss auf den Vertriebserfolg.

Nichtsdestotrotz ist Coaching im Sales eine delikate Angelegenheit. Zum einen fehlen Sales-Manager:innen die notwendigen Coaching-Skills, um ihre Mitarbeitenden angemessen zu unterstützen. Auf der anderen Seite ist die Frage, wer der Vertriebsmitarbeitenden das Coaching erhalten sollte. Während sich das Coaching oftmals auf die erfolgreichsten und erfolglosesten Vertriebsmitarbeiter:innen konzentriert, lassen sich die meisten Gewinne vom Coaching der Mitte erreichen (Dixon 2011).

„Coaching ist die Freisetzung des Potenzials einer Person, um die eigene Leistung zu maximieren. Es hilft ihnen zu lernen, anstatt sie zu lehren" (Timothy Gallwey).

Ein zentraler Faktor dabei ist, dass Sales-Coaching explizit die Entwicklung der Mitarbeitenden unterstützt. Zusätzlich kommt hinzu, dass Sales-Manager ihre Coaching-Performance meist wesentlich größer sehen als die dazugehörigen Mitarbeitenden (Edinger 2015). Daraus ergibt sich, dass Sales-Coaching nicht nur eine Ad-hoc-Aktivität sein kann, sondern insbesondere von trainierten Coaches in einem offiziellen Coaching-Setting getätigt werden muss.

3.6 Technologie & Tools

Wie schon beschrieben wird der Marketing-/Vertriebsprozess digital bzw. virtuell unterstützt. Im gesamten Prozess ist IT-Unterstützung gefordert und notwendig. Welche Tools und welche Technologie eingesetzt werden können, wird nachfolgend mit einigen wichtigen Werkzeugen beschrieben.

Die Weiterentwicklung von Sales Enablement bringt eine große Menge an Technologie mit sich, die Vertriebs- und Marketingteams bei der Optimierung ihrer Arbeit unterstützen kann. In den vorangegangenen Abschnitten haben wir erwähnt, dass Vertriebsverantwortliche bei der Erfüllung ihrer Aufgaben und der Berichterstattung über den ROI auf robuste Analysen und Messungen vertrauen. Die Einführung von Sales-Enablement-Tools kann erhebliche Vorteile bei der Quotenerreichung bringen. Best-in-Class-Unternehmen implementieren Sales-Enablement-Plattformen und sehen eine Steigerung der Quotenerreichung um 50 %. Hier ist eine ausgewählte Liste der Arten von Technologien, die Teil eines erfolgreichen Sales-Stacks sein sollten.

Analysen und Befragungen
Vor der Umsetzung von Änderungen innerhalb eines Unternehmens ist es wichtig, den aktuellen Stand von Vertrieb und Marketing zu verstehen. Die Rolle des Sales Enablements besteht hier darin, die verfügbaren Vertriebs- und Marketingdaten strukturiert zu analysieren. Es kann aus mehreren Quellen gesammelt werden, darunter Customer Relationship Management (CRM), Marketing-Automatisierungssoftware, Prospecting-Tools und Sales-Asset-Management-Tools, einfach alle Daten, um ein vollständiges Bild des Verkaufsprozesses und seiner Leistung zu zeichnen.

Zusätzlich zu diesen Analysen sind direkte Befragungen von Kund:innen und Partnern unbedingt notwendig, um daraus weitere Erkenntnisse zu gewinnen und Maßnahmen abzuleiten z. B. Fokus bei Neukund:innen auf die „Richtigen", diese Grundlage kann aus einer Kundenbefragung gezogen werden, z. B. „Warum haben sie sich für uns oder für unsere Produkte entschieden?"

Befragungen können mit unterschiedlichen IT-Tools oder auch über Agenturen umgesetzt werden. Der Einsatz von Tools wie Qualtrics, Leapsome oder andere ist bei häufigen Befragungen unbedingt erforderlich.

BI (Business Intelligence), Big Data und KI (Künstliche Intelligenz)

Business Intelligence (BI) unterstützt die Unternehmen oder Abteilungen bei ihren Entscheidungen über gezielte Auswertung von Daten, auf Basis von strukturierten Reports. Big Data kann man als logische Erweiterung von BI sehen und bezieht nicht nur Daten aus dem Unternehmensumfeld (ERP, CRM), sondern ergänzt diese mit Daten außerhalb des Unternehmens (Internet). So kann man mit Einsatz von Big-Data-Lösungen noch bessere Ergebnisse zur Entscheidungsunterstützung erhalten.

Künstliche Intelligenz (KI/AI) geht noch einen wesentlichen Schritt weiter als Big Data, es werden viele Datenquellen verbunden und auf Basis von Algorithmen, die IT-Lösungen im Hintergrund erarbeiten, werden weitestgehend selbstständig Ergebnisse zur Entscheidung geliefert und ausgeführt. Machine Learning als Teil oder ein Schritt zur KI ermöglicht es Systemen, miteinander zu arbeiten, zu vernetzen und sich selbstständig gemeinsam zu optimieren bzw. zu verbessern.

Chatbots

Die Unterstützung bei der schnellen Beantwortung von Fragen seitens der Kund:innen aber auch intern im Unternehmen wird immer wichtiger. In der Vergangenheit hat man versucht, über „Frequently asked Questions" einen Teil der Fragen abzufangen bzw. über die Website oder andere Informationsportale zu beantworten. Mit den Chatbots geht man einen wesentlichen Schritt weiter, da die Fragen, die gestellt werden, über

IT-Lösungen und Sprachsysteme beantwortet werden. Die Antworten basieren auf einer erarbeiteten und lernenden Informationsgrundlage. Chatbots sind mittlerweile in vielen Bereichen im Einsatz und entwickeln sich laufend weiter.

Customer Relationship Management
CRM-Software ist ein wesentliches Werkzeug für alle Unternehmen. Seine Hauptfunktion ist die Verwaltung von Kundendaten und Interaktionen über den gesamten Verkaufsprozess hinweg.

Es gibt viele Vorteile, wenn man ein starkes CRM-System einsetzt. Der wichtigste Nutzen für das Sales-Enablement-Team besteht darin, dass Daten aus einem gut gewarteten CRM-System den Kundenkontakt, die Teamzusammenarbeit, die Produktivität, die Umsatzprognose und Verkaufskennzahlen verbessern, um nur einige zu nennen. CRM-Lösungen werden z. B. von HubSpot, Membrain, Microsoft, Salesforce, SAP und zahlreichen anderen Unternehmen angeboten. Bei der Entscheidung für eine CRM-Lösung geht es um den gegenständlichen und zukünftigen Bedarf an Funktionen, die Integrationsfähigkeit in bestehende z. B. ERP-Lösungen, aber natürlich auch um eine einfache Benutzbarkeit der Lösung. Wichtig ist bei der Implementierung der Software-Lösung, die Vertriebsmitarbeiter:innen einzubinden und in der Folge darauf zu achten, dass alle aktiv mit der Lösung arbeiten und so die Daten aktuell halten. Dies kann man als qualitatives KPI in die Ziele für die Mitarbeiter:innen integrieren, um die Datenaktualität zu gewährleisten.

CPQ-Software
Configure-, Price-, Quote-Software (CPQ) hilft Unternehmen bei der Erstellung genauer und konfigurierter Angebote für komplexe Produkte. Die CPQ-Software unterstützt Vertriebsmitarbeiter:innen bei der Erstellung ihrer Angebote nach Geschäftsregeln und erfüllt gleichzeitig die Bedürfnisse des Kunden. Sie stellt sicher, dass die Preise korrekt sind und alle Informationen mühelos in ein Format gebracht werden, das dann an die Kund:innen gesendet wird. Dies beschleunigt den Verkaufsprozess.

Customer Journey
Eine weitere Funktion des Sales Enablements besteht darin, sich mehr auf den Kaufprozess der Kundenbedürfnisse und auf die Customer Journey durch verschiedene Branchen und Märkte zu konzentrieren. Diese Marktkenntnisse sind von unschätzbarem Wert. Die Customer Journey hilft dem Unternehmen, die notwendigen Schritte zur Gewinnung des Kunden oder auch zum Ausbau der Angebote für bestehende Kund:innen bestmöglich zu steuern.

Datenanalyse
Bei hohen Investitionen in Bezug auf Zeit, Ressourcen und Geld, ist die Datenanalyse ein wichtiger Leistungstreiber für Sales Enablement. Es stellt sicher, dass das Team Marketinginhalte verwendet und dass das Training echte Verhaltensänderungen und -verbesserungen fördert. Die heutige Technologie macht es einfacher, die Effektivität des Verkaufsprozesses zu überwachen und Anpassungen können auf der Grundlage echter Daten statt subjektiver Annahmen vorgenommen werden. Wie dies erfolgen kann, ist auch im Bereich BI, Big Data und KI beschrieben.

Ein-/Verkaufsportale
Ein- und Verkaufsportale unterstützen den Verkaufs- und Einkaufsprozess bzw. die weitere Verarbeitung von Daten. Ausschreibungen werden über diese Portale im Markt präsentiert und man kann sich für die Ausschreibung bewerben und Angebote legen. Es wird in der Folge der gesamte weitere Prozess, wie die Vergabe des Auftrags, die Verwaltung der Unternehmensdaten beider Parteien, die Rechnungslegung usw. direkt über das System koordiniert. Somit können Sie eine laufende Auftragsverfolgung durchführen und die Informationen zur Unterstützung des Supply-Chain-Prozesses nutzen.

In diesen Ein-/Verkaufsportalen finden sich alle wichtigen Anbieter:innen und Kund:innen, so kann man weitestgehend sicher sein, dass keine Ausschreibung unbeantwortet bleibt. Für den Vertrieb sind diese Portale mittlerweile ein wichtiger Zugang zu möglichen Aufträgen oder Angeboten zu bestehenden und neuen Kund:innen.

IT-gestützte Kommunikation
Unter dem Begriff der IT-gestützten Kommunikation sind viele Bereiche zusammengefasst, wie Webinare, Newsletter, Online-Kommunikation, E-Mail-Automatisierung, Mobile Working. Es geht im Wesentlichen um alle Felder der Kommunikation, die unterstützt durch SW-Lösungen bearbeitet werden. Wenn wir von IT-gestützter Kommunikation im Umfeld Marketing und Vertrieb sprechen, geht es natürlich primär um jene Informationen, die mit oder für die Kund:innen zur Verteilung gebracht werden.

Webinare: Online-Veranstaltungen zur Weitergabe von Informationen an Kund:innen und Partner, die über Einladungen an den Kontaktverteiler oder auch offener, z. B. via LinkedIn, angeboten werden.

Newsletter: gebündelte und kompakte Informationen mit Links zu Themen, die für Interessent:innen und Kund:innen relevant sein können. Diese Newsletter werden meist via E-Mail verteilt. Aufgrund der Vielzahl an Informationen, die laufend verteilt werden, sind die Newsletter unbedingt spannend mit Links zu weiteren Beiträgen, integrierten Bildern und Videos aufzubereiten. Sonst wird sie der Empfänger nicht beachten.

Online-Kommunikation: Jegliche Form der Kommunikation, die über Tools wie Google Meets, MS-Teams, Zoom oder viele andere SW-Lösungen durchgeführt werden. Bedingt durch die Digitalisierung und Covid-19 haben sich diese Werkzeuge etabliert und sind nicht mehr wegzudenken. Jetzt geht es um den sinnvollen Einsatz und einen klaren Wechsel zwischen Online- und persönlicher Kommunikation mit Kund:innen und Partnern, Stichwort: hybride Kommunikation.

Mobile Working: Bedingt durch die Verbreitung und die Nutzung von Online-Tools zur Kommunikation und Online-Arbeit hat sich Mobile Working (Arbeiten von wo aus Sie möchten) fast als Standard modernen Arbeitens entwickelt. In fast allen Organisationen wird Mobile Working und Homeoffice für jene Aufgabenbereiche, bei denen dies möglich ist, für Mitarbeiternde angeboten.

E-Mail-Automatisierung: ist im Umfeld des Vertriebs und Marketings als Unterstützung zur gezielten Information an Kund:innen zu sehen. Es werden automatisierte und teilautomatisierte Links zu wichtigen Informationen via E-Mail verteilt. Wichtig dabei ist es, dass die Speicherung der Daten in einem CRM-System erfolgt bzw. die Verteilung über CRM-Systeme unterstützt wird, um so alle Informationen direkt im Kundenkonto zu finden und entsprechend nachverfolgen zu können.

Lead Analytics, Qualifizierung und Management
Es geht darum, potenzielle und bestehende Kund:innen zu analysieren, deren Potenziale zu erkennen und diese in eine Strategie zur weiteren Bearbeitung abzuleiten. Die Basisdaten für die Analyse der Leads liefern Marktanalysen und auch Kundenbefragungen: Warum haben sich bestehende Kund:innen für das Unternehmen bzw. das Produkt oder die Dienstleistung entschieden? Diese Informationen fließen in eine Customer Journey oder ein anderes Tools zur Aufbereitung und Sammlung von Kundendaten ein. Die Ergebnisse dienen zur Qualifizierung der Kunden und zur Festlegung des weiteren Vorgehens. Einteilung der Leads in A/B/C, wobei es dabei wichtig ist, alle Kriterien (z. B. Größe, Potenzial, andere Kunden die sich für die Produkte entschieden haben und warum, Referenzen, Kontakte, Entscheidungszeitraum, Budget, usw.), einfließen zu lassen.

Beim Management der Kund:innen und Leads geht es darum, die bestehenden und potenziellen Kund:innen strukturiert und geplant anzugehen bzw. zu betreuen um so die „Pipeline" stehts mit potenziellen Kund:innen und Angeboten gefüllt zu haben. Die Steuerung und das Management der Kund:innen, Aufträge und dem Team als Gesamtes bzw. jeder einzelne Accountmanager erfolgt über das CRM-System und ergänzende Funktionen.

Lead Generation
Wie im Umfeld Lead Analytics geht es bei der Lead-Generierung darum, genügend potenzielle Kund:innen bzw. bei den bestehenden Kund:innen Möglichkeiten zum Nachverkauf, in der „Pipeline" zu generieren. Die Lead-Generierung erfolgt in Zusamenarbeit mit dem Marketing und auf Basis der Strategieplanung. Die Generierung von Leads erfolgt somit über Kampagnen (Social Media und klassisch) über Webinare und an-

dere unterstützenden Online-Maßnahmen, über Messen online oder live, Direktansprache von Vertriebsmitarbeiter:innen und alle anderen Marketing/Vertriebsmaßnahmen, die den Kontakt zu potenziellen Kund:innen ermöglichen.

Marketing-Automation-Software
Marketing-Automation-Software: Unternehmen können mit der Software zur Marketingautomatisierung, insbesondere mit webbasierten Diensten, eine bestimmte Anzahl von Marketingaktivitäten automatisieren. Diese Software ermöglicht es Unternehmen, Marketingaufgaben und Marketingabläufe zu optimieren. Der Vorteil der Marketing-Automatisierungssoftware besteht darin, dass sie die Effektivität von Inhalten messen kann, die an potenzielle Kund:innen gesendet werden, so werden die Informationen sofort gesendet, um die Kundenbindung zu erhalten. Erfahrungsgemäß tun sich Vertriebsmitarbeiter:innen immer noch sehr schwer, ein CRM-System detailliert zu nutzen, doch gleichzeitig ist hier das größte Potenzial für Sales-Erfolg zu finden.

Produkt-/Angebotsvisualisierung
Die Angebote, die ein Unternehmen im Markt positionieren will, sind heute vielfältig zu präsentieren. Die Suche von potenziellen Lösungen und Produkten erfolgt meist über Plattformen, Empfehlungen oder einer direkten Suche im Internet. Somit ist es wichtig, wie im Umfeld SEO beschrieben, sich so zu präsentieren, damit man schnell gefunden wird und dass die Produkte oder Dienstleistungen, die man anbietet, klar und einfach beschrieben sind. Dies wird mit der Produkt- und Angebotsvisualisierung realisiert. Dies kann über einfache Beschreibungen mit unterstützenden Bildern, über Case-/Produkt-Storys oder über Videos realisiert werden. Die Umsetzung kann ganz unterschiedlich sein, es ist die beste Form zur Beschreibung des Produktes, der Lösung oder Dienstleistung zu wählen, oder auch ein Mix aus unterschiedlichen Möglichkeiten zu verbinden. Wichtig ist, dass potenzielle Kund:innen sehr schnell und einfach die Informationen erhält, die er für eine (Vor-)Entscheidung benötigt.

Sales-Enablement-Plattformen
Diese Kategorie von Software hilft Unternehmen, Verkaufsmaterialien zu speichern, zu organisieren, zu verfolgen und gemeinsam zu nutzen, sodass Vertriebsmitarbeiter:innen sie leicht finden können. Die Hauptfunktion von Sales-Enablement-Plattformen besteht darin, relevante Marketinginhalte für jede Phase des Verkaufsprozesses aus einer Hand zu liefern. Die durch die Analytics im Hintergrund erhaltenen Informationen können einen relevanten Unterschied machen, um Kund:innen richtig anzusprechen.

S.I.-Software
Die Sales-Intelligence-Software (S.I.) ist eine Sammlung von Technologien, die es Vertriebsleiter:innen ermöglichen, Verkaufsdaten aus verschiedenen Quellen zu analysieren und zu integrieren, sowohl interne als auch externe Daten. Ziel ist es, dadurch bessere Datenanalysen zur Verbesserung der Entscheidungsfindung und zur Steigerung der Vertriebsleistung zu erhalten.

Sales-Tech-Automation
Umfasst eine Vielzahl von Lösungen, die für Verkäufer:innen verfügbar sind, um Kund:innen und Konkurrenz zu recherchieren und mit potenziellen Käufer:innen zu kommunizieren. Die Welt des B2B-Verkaufs wird immer digitaler. Sales Enablement stellt sicher, dass Verkäufer über die Vertriebstechnologie und das Training verfügen, um diese Tools zur Vertriebsoptimierung zu nutzen.

SEO/SEA Search Engine Optimisation und Advertising (Suchmaschinenoptimierung und Werbung)
SEO dient dazu die Informationen, welche auf der Homepage zu finden sind, so zu gestalten, dass sie möglichst hoch gerankt bei Suchanfragen dem Suchenden präsentiert werden. Es geht also darum, dass das Unternehmen und die Angebote im Internet möglichst schnell gefunden werden. Bei SEA geht es um gezielte Werbung (bei Suchmaschinenanbietern wie Google oder Bing) zur Unterstützung von SEO.

Soziale Netzwerke und Social Selling
Soziale Netzwerke wie LinkedIn, XING, Facebook oder andere unterstützen beim Verkauf von Dienstleistungen und Produkten. Es kann zum einen das Unternehmen präsentiert werden. Zum anderen können sich die Mitarbeiter:innen, die im Kundenkontakt stehen, selbst in diesen Netzwerken darstellen. Wichtig dabei ist, dass die Informationen, die über den Account präsentiert werden, klar und schlüssig und natürlich mit dem Unternehmen vernetzt sind. Für Personen ist es wichtig, Privates von Beruflichem zu trennen und sich so klar und eindeutig in diesen Netzwerken zu präsentieren.

Social Selling unterstützt die Nutzung der sozialen Netzwerke zur Verkaufsunterstützung. Dies kann dadurch erfolgen, dass man über Blogs auf sich bzw. die Angebote der Unternehmen, die man vertritt, aufmerksam macht. Denkbar wäre, diese Social-Media-Seiten zu nutzen, um Einladungen zu versenden, sich zu verbundenen Feldern zu positionieren, einfach „visible" zu sein, sich in diesem Netzwerk zu präsentieren, um – auf den kleinsten Nenner gebracht – als Expert:in gefunden zu werden.

Verkaufsinhalte
Die Hauptaufgabe von Sales Enablement besteht darin, dem Marketing eine Anleitung zu geben, um relevante und aufschlussreiche Inhalte zu erstellen, die Käufer:innen in jeder Phase der Kaufreise ansprechen können. Diese Inhalte können viele Formen annehmen, von Blogs, Whitepapers, Kundenstimmen und Webinaren bis hin zu Branchenberichten und Präsentationen. Der wichtigste Aspekt ist, die Sprache der Kund:innen zu sprechen und sicherzustellen, dass die Inhalte sich auf Herausforderungen und Anliegen beziehen, die für ihn von Bedeutung sind.

Verkaufstraining
Eine Schlüsselkomponente der Vertriebsunterstützung ist es, dem Verkaufsteam das richtige Training zur Verbesserung der Vertriebsleistung anzubieten. Erfolgreiche Enablement-Strategien haben mehrere Möglichkeiten, ihren Teams gezieltes Verkaufstraining anzubieten. Zu den Schulungsarten gehören Product-Training, Sales-Tool-Training und Sa-

les-Skills-Training. Diese können alle auf unterschiedliche Weise durchgeführt werden, darunter Mikro-, Virtual-, Klassenzimmerlearning und Coaching.

Up-/Cross-Selling
Unter Up-/Cross-Selling versteht man alle Maßnahmen, um primär bei bestehenden Kund:innen bestehende Angebote zu erweitern z. B. mehr User bei SW-Lösungen, oder zusätzliche Produkte und Dienstleistungen zu verkaufen. Die Potenzialanalyse von Cross-/Up-Selling startet bereits bei der Leadgenerierung bzw. Qualifizierung und begleitet den gesamten Kundenzyklus. Die Potenzialdaten fließen in die Vertriebsplanung mit ein und stellen so in vielen Fällen einen wesentlichen Beitrag zur Generierung von Umsatz dar. Es ist in Unternehmen darauf zu achen, dass man eine gute Mischung aus Neukundengeschäft und dem Nachverkauf bei Kund:innen realisieren kann.

WEB Analytics und Tracking
Bei WEB Analytics und dem Tracking von gewonnenen Daten geht es um die Auswertung von Daten z. B. zur Nutzung der Homepage, wie lange verweilen „Besucher" bei einzelnen Seiten und Produkten, wie schnell wird man gefunden, wie klicken die Benutzer weiter. All diese Informationen sind Ergebnisse für Entscheidungen, wie ich die Homepage oder Werbemaßnahmen weiterentwickle oder nutze. Die Daten stehen im Zusammenhang mit dem SEO/SEA wie vorher beschrieben und somit auch zur Einsatzplanung bzw. der Investition von Geld im Umfeld Online-Werbung und der laufenden Weiterentwicklung der eigenen Online-Darstellung (z. B. Homepage).

WEB-Shops
Web-Shops dienen zum Online-Verkauf von Produkten und Dienstleistungen. Man kann sich eigene Web-Shops direkt über die Homepage verlinkt einrichten, oder auch einen Verkauf über Plattformen wie Amazon oder andere durchführen. WEB-Shops dienen auch dazu, Produkte und Angebote sichtbarer zu machen. Wie man diese nutzt, sind sie klar in eine Verkaufsstrategie und Panung einzubinden, um sich nicht selbst zu kanibalisieren. Sie sind aber bei vielen Unternehmen, ein wesentlicher Verkaufskanal geworden und bieten auf diesem Wege viele Möglichkeiten.

3.7 Content strukturieren und anbieten

Die Bereitstellung von immer aktuellen Informationen sowohl intern für Mitarbeiter:innen als auch extern für Kund:innen und Partner ist in der heutigen Zeit unerlässlich. Wichtig bei der Bereitstellung von Informationsangeboten ist zum einen, dass die Inhalte schnell und einfach gefunden werden und zum anderen, dass sie aktuell sind und so dem Suchenden die richtigen Hilfestellungen zur Beantwortung einer Frage, oder der Suche von spezifischen Informationen z. B. zu den Produkten des Unternehmens gibt.

Die Bereitstellung von Informationen kann entweder direkt über die Homepage, das Intranet, über ein integriertes LMS (Learning Management System) oder sogar in der Sales-Enablement-Software selber realisiert werden. In allen Fällen sind jedoch die oben angeführten Punkte (schnell zu finden, aktuell, klare Hilfestellung auf Fragen) zu beachten. Zusätzlich sind die Herausforderungen der Datenschutzgrundverordnung und der möglichen Trennung von extern/intern bereitgestellten Informationen zu beachten sowie die Notwendigkeit, dass die Informationen laufend aktualisiert werden.

Content für Ihr Team
Vertriebsmitarbeiter:innen verwenden Vertriebsunterlagen, wenn sie mit Kund:innen in Kontakt sind. Der Zweck besteht darin, Kund:innen zu motivieren, das Interesse zu wecken und ihnen den Kauf eines Produkts oder einer Dienstleistung zu erleichtern. Für den gekonnten und gezielten Einsatz von Vertriebsmaterial ist eine Schulung erforderlich. Eine flüssige Kommunikation zwischen den Vertriebs- und Marketingabteilungen ist notwendig, um wirksame Verkaufsmaterialien zu erstellen. Informationen aus Kundeninteraktionen können Marketingmitarbeiter:innen helfen, zielgerichtetere Inhalte zu erstellen, wodurch die Wahrscheinlichkeit eines erfolgreichen Abschlusses erhöht wird. Sales Enablement verstärkt die Bedeutung von regelmäßigen Meetings zwischen diesen Abteilungen, um den Informationsaustausch zu fördern. Enablement Content hingegen hat ein rein internes Publikum und dient verschiedenen Zwecken:

- Information aller Beteiligten über bevorstehende Herausforderungen im Management und in bestimmten Abteilungen

- Unterstützung von Mitarbeiter:innen bei der Entwicklung spezifischer Fähigkeiten, die nicht ganz auf dem neuesten Stand sind
- Information der Mitarbeiter:innen über Wettbewerb, Trends und Marktentwicklungen
- Checklisten und andere hilfreiche Dokumente, um die Arbeitserfahrung von Vertriebler:innen, insbesondere von neu eingestellten Mitarbeiter:innen, zu verbessern
- Aufzeigen von Diskrepanzen von Erwartung und Verhalten in den verschiedenen Phasen des Verkaufsprozesses
- Kommunikation über bevorstehende Schulungen, an denen Mitarbeiter:innen teilnehmen können
- Speichern und aktualisieren von Produkt- und Serviceinformationen, um sicherzustellen, dass die Vertriebsmitarbeiter:innen bei der Kommunikation mit Kund:innen dieselbe Vorgehensweise verwenden

Content für Kund:innen

Auch Kund:innen bzw. Interessent:innne eines Unternehmens sind Informationen bereitzustellen, um sich selbst informieren zu können. Diese Informationen werden über die Homepage angeboten und für Kund:innen kann durchaus selektiv der Zugang auf das eigene „Wissensmanagement" sprich Dokumente, die auch intern genutzt werden, gewährt werden. Wichtig ist generell, dass die Vertriebsmitarbeiter:innen die Kund:innen und Interessent:innen auf diese Informationen verweisen können und dass es sich um die gleichen Informationen handelt, die auch intern genutzt werden, wenn auch weniger umfangreich. Die Bereitstellung von diesen Unternehmens-/Produkt-/Dienstleistungsinformationen kann natürlich über ein LMS-gesteuertes Tool erfolgen.

> Die Sales-Enablement-Strategie definiert, welche Inhalte erstellt werden und beobachtet, ob sie effizient und effektiv genutzt werden. Sie sollten so gespeichert werden, dass sie von den Vertriebsmitarbeiter:innen bei der Ausführung ihrer Aufgaben leicht gefunden werden können. Relevante Inhalte sollten für Interaktionen mit bestimmten Kund*innen leicht zugänglich sein. Auswertung, welche Elemente hilfreich und oft verwendet werden, können dann helfen, um die zukünftige Entwicklung dementsprechend zu gestalten.

3.8 Ein konkretes Beispiel

Das Unternehmen
Unser Beispielunternehmen ist ein mittelständisches Maschinenbauunternehmen mit rund 2500 Mitarbeitenden, wir nennen es einfach MABAU. MABAU entwickelt und baut Spezialmaschinen für die Elektronikindustrie und wurde 1970 gegründet. Durch das Wachstum im Umfeld der Elektronik und Elektrotechnik und dem nachfolgenden Wachstum der IT-Industrie ist das Unternehmen schnell gewachsen und ist heute weltweit direkt und über Service- und Vertragspartner vertreten. MABAU hat 25 Vertriebsmitarbeiter, die zum einen die direkte Kundenbetreuung als auch den Aufbau des Vertriebsnetzwerks und die Betreuung der Vertriebs-/Servicepartner administrieren.

Die letzten Jahre waren für MABAU extrem herausfordernd: Der Markt entwickelte sich weiter und die Konkurrenz wurde stärker, aber durch kontinuierliche Innovationen konnte sich MABAU weiter behaupten. Covid-19 und die daraus resultierenden Veränderungen für den Vertrieb für MABAU waren jedoch enorm und so stellte sich die Frage, wie diese Herausforderungen schnell und zukunftsorientiert gelöst werden können. Das kurzfristige Ziel war, möglichst schnell die bestehenden Kund:innen auszubauen und neue Kund:innen zu gewinnen. Und das unter den geänderten Rahmenbedingungen mit einem virtuellen Vertrieb und nach Beendigung der Covid-Maßnahmen mit einem hybriden Vertriebsmodell.

Der 1. Schritt
Es wurde die Entscheidung getroffen, im Rahmen eines Workshops die Möglichkeiten für den Vertrieb für ein weiteres Wachstum bei bestehenden und neuen Kund:innen zu erarbeiten. In den Workshops wurden neben dem Vertriebsmanagement auch ausgewählte Vertriebsmitarbeiter:innen und eine Person aus dem Marketing eingebunden.

Das Vorgehen und die Maßnahmen wurden im Rahmen eines Account-Growth-Workshops (Abb. 3.3) erarbeitet. Es ging darum, einen schnellen Erfolg zu erzielen, um zum einen die Notwendigkeit weiterer Maßnahmen und Schritte für das Unternehmen zu bestätigen, und um zum anderen die beteiligten Personen zu motivieren.

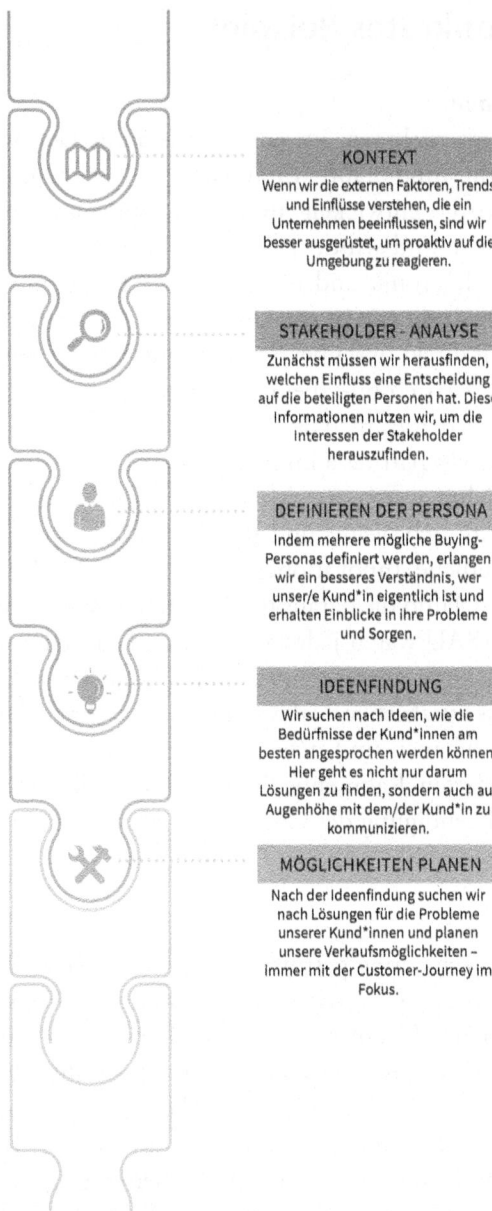

Abb. 3.3 Account Growth Workshop, PDAgroup GmbH (eigene Darstellung)

Nach einer fundierten Analyse bestehender und möglicher Kundenpotenziale wird ein solider Account-Growth-Plan erstellt, in dem zukünftige Ziele transparent dokumentiert sind und so konkret an der Umsetzung gearbeitet werden kann. Außerdem wird über definierte Maßnahmen und Aktivitäten die Beziehung zu wichtigen Kund:innen verbessert.

Im Account-Growth-Workshop zeigen unsere Expert:innen eine innovative Vorgehensweise, die es ihnen erlaubt, ihre bestehenden Kundenkontakte weiter auszubauen und Umsätze zu entwickeln.

Die Anwendung von Design-Thinking-Tools und Techniken im Account-Growth-Prozess macht es Sales-Teams möglich, ein tieferes Verständnis für das Unternehmen ihrer Kund:innen sowie für deren Haupt- und Endkund:innen zu erlangen.

Das Vorgehen ermöglicht, neue Verkaufspotenziale bei einem bereits existierenden Kundenstamm zu erkennen und maximal zu nutzen. Zusätzlich werden potenzielle neue Kund:innen und Märkte identifiziert und die Bearbeitung wird eingeplant. Es werden Account-Growth-Pläne für die nächsten drei Jahre erstellt, die auf die grundlegenden Bedürfnisse der Kund:innen eingehen. Dadurch sind die Teilnehmenden in der Lage, langfristig Einnahmequellen zu generieren und Up- und Cross-Selling-Möglichkeiten zu erkennen.

Als Projektplan im Nachgang zum Workshop wurde eine klare Aufgabenplanung erarbeitet. Für alle Vertriebsmitarbeiter:innen wurde ein 3-6-Monats-Aktivitäten-Plan erstellt, der auf die Bearbeitung von bestehenden Kund:innen und der Gewinnung von neuen Kund:innen ausgerichtet wurde. Begleitende Maßnahmen waren zum einen unterstützende Marktanalysen zur Gewinnung von Daten für den Vertrieb und die gezielte Überarbeitung der Produktbeschreibungen bzw. die Schulung der Vertriebsmitarbeiter:innen mit den Methoden im digitalen Vertrieb.

Der 2. Schritt
Nach den ersten Erfolgen in den ersten 6 Monaten nach dem Workshop und den während dieser Zeit begleitenden Coachings und Schulungen der Vertriebsmitarbeiter:innen im Umfeld digitaler/virtueller Vertrieb, wurde entschieden, weitere Schritte zur Sales-Transformation in eine hybride neue Welt, zu realisieren.

Der Sales-Enablement-Canvas-Workshop Wie im Abschn. 3.2 beschrieben, ist die Methode des Sales-Enablement-Canvas eine Basis, um, ganzheitlich aufbauend auf der Strategie von MABAU, den Vertrieb für die Zukunft auszurichten. Die beispielhafte Canvas von MABAU befindet sich im Anhang dieses Buches.

Die aus dem Sales-Enablement-Canvas abgeleiteten Maßnahmen wurden in einen Realisierungsplan eingearbeitet und unter Einbindung der beteiligten Personen Schritt für Schritt realisiert.

Der 3. Schritt – Umsetzung von Sales Enablement
Die Umsetzung des Sales-Enablement-Canvas für MABAU hat den Fokus in der Kunden-/Marktbearbeitung weiter vorangetrieben und zahlreiche Ideen sowie Anforderungen des Marktes wurden vom Vertrieb gemeinsam mit dem Marketing und der Entwicklung abgestimmt. Es wurde auf Basis der Diskussionen in den unterschiedlichen Abteilungen erkannt, dass eine noch stärkere und fokussiertere Zusammenarbeit aller Bereiche notwendig wird, um das Wachstum von MABAU zu unterstützen.

Auf Basis dieser Ergebnisse wurde von der Geschäftsführung von MABAU entschieden, die bereits in Teilen umgesetzte Sales-Enablement-Organisation ganzheitlich zu realisieren und das Unternehmen für die Herausforderungen der Zukunft zu transformieren.

Wie bereits beschrieben, wurden Aktivitäten in folgenden Bereichen definiert:

- Einführung einer Sales-Enablement-Software zur konsistenten Umsetzung und Nachvollziehbarkeit der Interaktionen und Inhalte
- Training aller kundenorientierten Mitarbeitenden im hybriden Kundenkontakt: Firmenweite Definition, welche Termine online und welche on-site stattfinden können
- Zusätzliches Training in der virtuellen Kommunikation
- Definierte Prozesse in allen Bereichen der Kundeninteraktion, die für alle Mitarbeitenden transparent sind
- Wiedereinführung eines CRMs, inklusive Schulung zur richtigen Kontaktpflege
- Erstellung von informativen und passenden Inhalten zum internen und externen Gebrauch

Der 4. Schritt – laufende Weiterentwicklung
Maßnahmen innerhalb der 18 Monate vom Start bis jetzt im Rahmen der Sales-Transformation haben MABAU um weitere 20 % wachsen lassen und die Umsetzung der Sales-Enablement-Strategie und Organisation wurde bereits zu einem großen Teil realisiert. Es muss nun die weitere Entwicklung und Ausrichtung von MABAU abgesichert werden. Dazu wurde entschieden, die Unternehmensplanung (jährlicher Workshop über 2 Tage) und damit den Sales-Canvas jährlich im Kernteam zu reviewen und den geänderten Rahmenbedingungen anzupassen. Auf Basis der Ergebnisse dieser Planung erfolgt ein monatliches Sales Review und quartalsweise eine detaillierte Analyse der Ergebnisse und der Plandaten für das nächste Quartal. Die Entwicklung des Vertriebs, die Gewinnung von neuen Kund:innen bzw. die weitere Entwicklung bestehender Kund:innen wird über ein Sales-Coaching begleitet bzw. es werden alle Schritte gemessen, um so eine Grundlage für jeden weiteren Entwicklungsschritt zu haben.

Ihr Transfer in die Praxis

- Eine IST-Analyse, die Dokumentation und die Ableitung von Maßnahmen im Sales-Enablement-Canvas schaffen die Grundlage für alle weiteren Schritte.
- Welche Trainings im Umfeld des Sales Enablements und des digitalen Vertriebs hilfreich sind, werden zusammengefasst.
- Der Überblick zu den unterstützendenTools gibt einen Einstiegserklärung und regt die weitere Auseinandersetzung mit den Themen an.
- Das Beispiel MABAU unterstützt bei der Reflexion der eigenen Unternehmenssituation und der Ableitung möglicher Schritte im eigenen Unternehmen.

Literatur

Dixon, Adams. 2011. The dirty secret of effective sales coaching. *Harvard Business Review*. https://hbr.org/2011/01/the-dirty-secret-of-effective. Zugegriffen am 11.02.2022.

Doll, Tim. 2021. Das 70:20:10 -Modell – Lernen neu Entdecken. Haufe Akademie. https://www.haufe-akademie.de/blog/themen/personalentwicklung/das-702010-modell-lernen-neu-entdecken/. Zugegriffen am 11.02.2022.

Edinger. 2015. Sales teams need more (and better) coaching. *Harvard Business Review*. https://hbr.org/2015/05/a-high-percentage-move-to-increase-revenue.

Grabmeier, Stephan. 2020. BANI vs. VUCA. https://stephangrabmeier.de/bani-vs-vuca/.

Kilian, Dietmar. 2009. *Weiterbildung in Veränderungsprozessen*. Saarbrücken: Suedwestdeutscher Verlag fuer Hochschulschriften. ISBN-13 978-3838103549.

Winters. 2018. How we made our sales training more effective by making it harder. *Harvard Business Review*, 3., 20. März, S. 38.

4 Hybrider Vertriebsansatz & Sales Enablement

Damit der Vertrieb so reagieren kann, wie Kunden es heute erwarten

> **Was Sie aus diesem Kapitel mitnehmen**
> - Kenntnisse über hybrides Kundenverhalten und damit auch ein hybrider Vertriebsansatz
> - Sie erhalten das Verständnis zur Abgrenzung bzw. zu den Gemeinsamkeiten von digitalem Vertrieb und Sales Enablement
> - Welche Organisationsentwicklung müssen Sie umsetzen, um den Vertriebserfolg zu maximieren?

Wenn wir uns die Frage stellen, was nun das Konzept des digitalen Vertriebs und das Konzept des Sales Enablements insbesondere im B2B-Bereich voneinander unterscheidet, wollen wir hier relevante Aspekte aufgreifen und damit zur Klärung dieser Frage beitragen.

In der Wahl der unterschiedlichen Vertriebsstrategien wollen wir an dieser Stelle in jedem Fall darauf hinweisen, dass wir nicht der Auffassung sind, dass Digitalisierung und die Verwendung digitaler Medien als goldener Standard für einen modernen Vertrieb zu verstehen sind. Ganz im

Gegenteil sehen wir die Verwendung klassischer Vertriebsmethoden, beispielsweise persönliche Kundenansprachen etc. oftmals als das richtige Mittel der Wahl und sogar als Mittel zur Differenzierung. Es liegt auf der Hand, dass auch bei hoher Digitalisierung wesentliche Teile des unternehmerischen Geschehens in der realen Welt stattfinden. Virtuelle und reale Strecken im Kundenerlebnis und der Entscheidungsfindung im Rahmen einer Kaufentscheidung finden parallel statt und wollen nicht nur aufeinander abgestimmt sein, sondern sich im besten Fall ergänzen und sogar die Möglichkeit eröffnen, miteinander kombiniert zu werden.

So ist zunächst zu sagen, dass der Begriff des digitalen Vertriebs, auf die Bedeutung der durch die Digitalisierung geänderten Kommunikationsmöglichkeiten verweist und deren Auswirkungen auf den Vertrieb als solchen zum Gegenstand hat. Ganz unabhängig von der Veränderung unternehmensinterner Abläufe und Strukturen. Und genau diesen Punkt greift das Konzept des Sales Enablements auf und zeigt auf, welche Auswirkungen die Digitalisierung auf die Kundenerwartungen hat und welche Abläufe und Abstimmungen innerhalb des Unternehmens darauf angepasst werden müssen. Dies, um einerseits einen möglichst konsistenten Eindruck, eine einheitliche, sich nicht widersprechende Botschaft nach außen vermitteln zu können, und andererseits eine rasche Bearbeitung der Kundenanfragen sicherzustellen. Das ist tatsächlich eine ernst zu nehmende Aufgabe, da beide Ziele zwar auf den ersten Blick sehr gut zueinander passen, aber nicht so einfach gleichzeitig optimiert werden können. Zumindest nicht, ohne bestehende Strukturen und Abläufe in Angriff zu nehmen. Gehen wir davon aus, dass im Idealfall alle der Kund:innen zur Verfügung stehenden (hier sind beispielsweise bereits existierende Beiträge und Bewertungen im Internet gemeint) Informationen aufeinander abgestimmt werden sollen, dann wird klar, dass dafür Zeit zur Abstimmung und für Adaptierungen notwendig ist. Erschwerend kommt hinzu, dass heutzutage Kundenwünsche individuelle Erwartungen und damit Anpassungen erfordern, die zusätzlich dargestellt und kommuniziert werden müssen. Auch Angebote wollen entsprechend individuell und auch schnell erstellt und widerspruchsfrei abteilungsübergreifend ausgefertigt sein. Eine solche Abstimmung kostet Zeit und ist auch nur auf den ersten Blick ohne Widerstände und Konflikte im Unternehmen zu realisieren. Um solche Anforderungen meistern zu können, braucht es in der Regel ein größeres Umdenken, einen Veränderungsprozess, dessen Kristallisationspunkt immer die Kundenzufriedenheit sein sollte. Diese leidet unter inkonsistenter Informationspolitik und widersprüchlichen Aussagen (Kilian und Mirski (2016); Keith et al. (2005)).

So ist zunächst zu sagen, dass der Begriff des digitalen Vertriebs, auf die Bedeutung der durch die Digitalisierung geänderten Kommunikationsmöglichkeiten verweist und deren Auswirkungen auf den Vertrieb als solchen zum Gegenstand hat. Ganz unabhängig von der Veränderung unternehmensinterner Abläufe und Strukturen. Und genau diesen Punkt greift das Konzept des Sales Enablements auf und zeigt auf, welche Auswirkungen die Digitalisierung auf die Kundenerwartungen hat und welche Abläufe und Abstimmungen innerhalb des Unternehmens darauf angepasst werden müssen. Dies, um einerseits einen möglichst konsistenten Eindruck, eine einheitliche, sich nicht widersprechende Botschaft nach außen vermitteln zu können, und andererseits eine rasche Bearbeitung der Kundenanfragen sicherzustellen. Das ist tatsächlich eine ernst zu nehmende Aufgabe, da beide Ziele zwar auf den ersten Blick sehr gut zueinander passen, aber nicht so einfach gleichzeitig optimiert werden können. Zumindest nicht, ohne bestehende Strukturen und Abläufe in Angriff zu nehmen. Gehen wir davon aus, dass im Idealfall alle der Kund:innen zur Verfügung stehenden (hier sind beispielsweise bereits existierende Beiträge und Bewertungen im Internet gemeint) Informationen aufeinander abgestimmt werden sollen, dann wird klar, dass dafür Zeit zur Abstimmung und für Adaptierungen notwendig ist. Erschwerend kommt hinzu, dass heutzutage Kundenwünsche individuelle Erwartungen und damit Anpassungen erfordern, die zusätzlich dargestellt und kommuniziert werden müssen. Auch Angebote wollen entsprechend individuell und auch schnell erstellt und widerspruchsfrei abteilungsübergreifend ausgefertigt sein. Eine solche Abstimmung kostet Zeit und ist auch nur auf den ersten Blick ohne Widerstände und Konflikte im Unternehmen zu realisieren. Um solche Anforderungen meistern zu können, braucht es in der Regel ein größeres Umdenken, einen Veränderungsprozess, dessen Kristallisationspunkt immer die Kundenzufriedenheit sein sollte. Diese leidet unter inkonsistenter Informationspolitik und widersprüchlichen Aussagen. Das Sales Enablement, so wie wir es in diesem Buch dargestellt haben, soll den Blick für diese notwendige Veränderung schärfen und zeigt Konzepte und Vorgehensweisen auf, wie man diese Herausforderungen im Unternehmen meistern kann.

Der digitale Vertrieb wiederum will insbesondere das Augenmerk auf die Aspekte richten, die durch die Digitalisierung in großer Veränderung begriffen sind, und daher Beachtung im unternehmerischen Entscheidungsfindungsprozess finden müssen.

Aus unserer Sicht sind dabei die in Abb. 4.1 dargestellten wesentlichen Einflüsse für den digitalen Vertrieb relevant.

In diesem Zusammenhang stellt sich die Frage, ob es eine neue Rolle braucht, die diese digitalen, unternehmerischen Herausforderungen im Unternehmen koordiniert? Viele sprechen mittlerweile vor diesem Hintergrund von dem neuen Berufsbild Chief Digital Officer (CDO). Dessen Aufgabe es ist, die genannten und durchaus verschiedenen

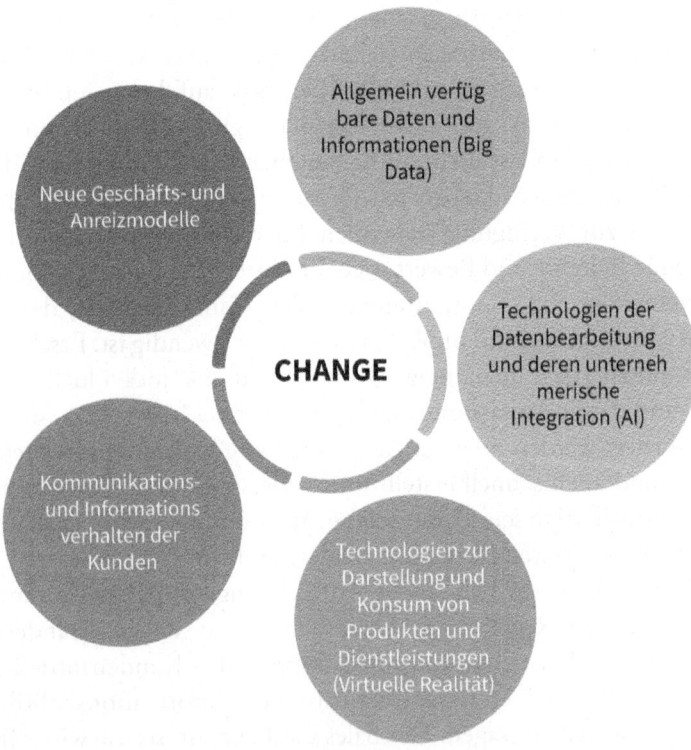

Abb. 4.1 Change, PDAgroup GmbH (eigene Darstellung)

in der Regel ein größeres Umdenken, einen Veränderungsprozess, dessen Kristallisationspunkt immer die Kundenzufriedenheit sein sollte. Diese leidet unter inkonsistenter Informationspolitik und widersprüchlichen Aussagen (Kilian und Mirski (2016); Keith et al. (2005)).

So ist zunächst zu sagen, dass der Begriff des digitalen Vertriebs, auf die Bedeutung der durch die Digitalisierung geänderten Kommunikationsmöglichkeiten verweist und deren Auswirkungen auf den Vertrieb als solchen zum Gegenstand hat. Ganz unabhängig von der Veränderung unternehmensinterner Abläufe und Strukturen. Und genau diesen Punkt greift das Konzept des Sales Enablements auf und zeigt auf, welche Auswirkungen die Digitalisierung auf die Kundenerwartungen hat und welche Abläufe und Abstimmungen innerhalb des Unternehmens darauf angepasst werden müssen. Dies, um einerseits einen möglichst konsistenten Eindruck, eine einheitliche, sich nicht widersprechende Botschaft nach außen vermitteln zu können, und andererseits eine rasche Bearbeitung der Kundenanfragen sicherzustellen. Das ist tatsächlich eine ernst zu nehmende Aufgabe, da beide Ziele zwar auf den ersten Blick sehr gut zueinander passen, aber nicht so einfach gleichzeitig optimiert werden können. Zumindest nicht, ohne bestehende Strukturen und Abläufe in Angriff zu nehmen. Gehen wir davon aus, dass im Idealfall alle der Kund:innen zur Verfügung stehenden (hier sind beispielsweise bereits existierende Beiträge und Bewertungen im Internet gemeint) Informationen aufeinander abgestimmt werden sollen, dann wird klar, dass dafür Zeit zur Abstimmung und für Adaptierungen notwendig ist. Erschwerend kommt hinzu, dass heutzutage Kundenwünsche individuelle Erwartungen und damit Anpassungen erfordern, die zusätzlich dargestellt und kommuniziert werden müssen. Auch Angebote wollen entsprechend individuell und auch schnell erstellt und widerspruchsfrei abteilungsübergreifend ausgefertigt sein. Eine solche Abstimmung kostet Zeit und ist auch nur auf den ersten Blick ohne Widerstände und Konflikte im Unternehmen zu realisieren. Um solche Anforderungen meistern zu können, braucht es in der Regel ein größeres Umdenken, einen Veränderungsprozess, dessen Kristallisationspunkt immer die Kundenzufriedenheit sein sollte. Diese leidet unter inkonsistenter Informationspolitik und widersprüchlichen Aussagen. Das Sales Enablement, so wie wir es in diesem Buch dargestellt haben, soll den Blick für diese notwendige Veränderung schärfen und zeigt Konzepte und Vorgehensweisen auf, wie man diese Herausforderungen im Unternehmen meistern kann.

Der digitale Vertrieb wiederum will insbesondere das Augenmerk auf die Aspekte richten, die durch die Digitalisierung in großer Veränderung begriffen sind, und daher Beachtung im unternehmerischen Entscheidungsfindungsprozess finden müssen.

Aus unserer Sicht sind dabei die in Abb. 4.1 dargestellten wesentlichen Einflüsse für den digitalen Vertrieb relevant.

In diesem Zusammenhang stellt sich die Frage, ob es eine neue Rolle braucht, die diese digitalen, unternehmerischen Herausforderungen im Unternehmen koordiniert? Viele sprechen mittlerweile vor diesem Hintergrund von dem neuen Berufsbild Chief Digital Officer (CDO). Dessen Aufgabe es ist, die genannten und durchaus verschiedenen

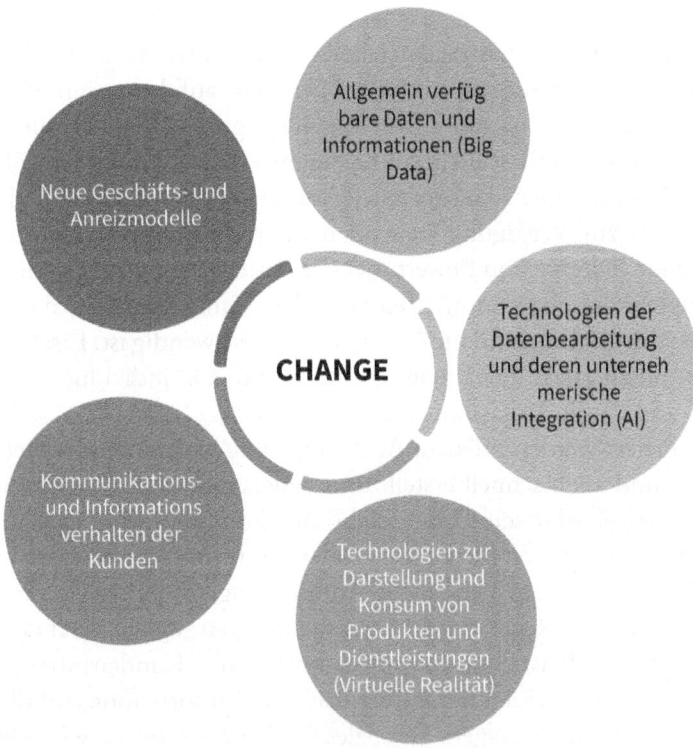

Abb. 4.1 Change, PDAgroup GmbH (eigene Darstellung)

Herausforderungen im Unternehmen zu koordinieren bzw. Kompetenz aufzubauen, um unternehmerische Entscheidungen und Projekte effizient umsetzen zu können. Deren Aufgabe es ebenfalls ist, eine neue Unternehmenskultur einzuleiten und die Auswirkungen der Digitalisierung in das Selbstverständnis des Unternehmens zu integrieren.

Die Aufgaben der neuartigen Management-Position der Chief Digital Officers wurde von Walchshofer und Riedl (2017) aufgrund von Stellenausschreibungen im deutschsprachigen Raum analysiert und zusammengefasst. Im Wesentlichen geht es dabei um die Gestaltung des digitalen Wandels in Unternehmen. Als Grundvoraussetzung werden bereichsübergreifendes Arbeiten, Technikkompetenz sowie Projektmanagement und Soft Skills genannt. Die Ansiedlung in der Unternehmensorganisation wird idealerweise im Top-Management verortet. Kernaufgaben werden neben den koordinierenden Aufgaben in der Entwicklung digitaler Geschäftsmodelle und sinngemäß auch der digitalen Weiterentwicklung des Unternehmens gesehen. (Walchshofer und Riedl 2017)

Sales Enablement wird durch diese Rolle bzw. Position deutlich unterstützt. Benötigt es doch die Integration von Digitalisierung für die Organisation der drei Säulen des Sales Enablements und aller beteiligten internen Interessengruppen.

Nachfolgend eine Liste der Koordinationsaufgaben, die der Leitung des Sales-Enablement-Teams obliegen:

- Unterstützung bei der Ableitung der SE-Ziele aus der Unternehmensstrategie
- gemeinsame Festlegung der SE-Zielvorgaben, die sich aus der Unternehmensstrategie ableiten lassen, gemeinsam mit dem Top-Management
- Diskussion und Festlegung der Anfangsinvestition in das SE
- Schaffung eines SE-Teams
- laufende Kommunikation mit dem Top-Management, um die Sales-Enablement-Strategie konsequent auf die Unternehmensziele auszurichten
- Aufnahme oder Verbesserung der Kommunikation und Zusammenarbeit zwischen allen Teams mit Kunden-Interaktion/-Kontakt
- Optimierung der Zusammenarbeit zwischen den Teams mit Kundenkontakt

- Gestaltung und Optimierung der Kundenerfahrungen (Customer Experience)
- Anpassung der Sales-Enablement-Strategie entsprechend den gesammelten Daten, den sich entwickelnden Bedürfnissen der internen Beteiligten und den vom Management kommunizierten Zielen

Allgemein kann gesagt werden, dass die Zusammenarbeit von Marketing- und Sales-Abteilungen nach einer aktuellen Studie von Hauer et al. (2021) durch die Digitalisierung durchaus beeinflusst wird. Trotz der grundsätzlichen Kundenorientierung im Allgemeinen, zeigen sich Unterschiede in der jeweiligen Einschätzung ihrer Prioritäten und Performance. Die Autoren weisen auf vier wesentliche Integrationsmechanismen hin, die eine Integration und damit auch eine bessere Leistungsfähigkeit für das jeweilige Unternehmen forcieren. Dies sind sinngemäß gemeinsame Strukturen, Prozesse (Anmerkung des Autors: diese können selbstverständlich auch durch die Verwendung gemeinsamer IT-Systeme stark gefördert werden), gemeinsame Kultur und Personal. Als moderierende Faktoren werden ein gemeinsames Verständnis von Kund:innen, der Unternehmensumwelt, des Mitbewerbs und des Unternehmens angeführt. Als zusätzlich wesentlicher Faktor wird Leadership, also Führungsqualität genannt (Hauer et al. 2021).

Die Implementierung einer Sales-Enablement-Strategie erfordert einen Wandel der Unternehmenskultur und oftmals auch der Unternehmensorganisation. Dabei ist die Verbindung der Organisationsentwicklung mit der Lernbereitschaft des Teams aus heutiger Betrachtung sehr eng. Dies liegt u. a. an der Notwendigkeit des Lernens während Veränderungsprozesse erlebt werden. Die Verbindung des 3-Phasenmodells von Lewin mit dem Lernen in Unternehmen kann wie folgt aussehen:

- Phase 1: Auftauen im Umfeld des Lernens, Intervention, Öffnung für Lernbereitschaft
- Phase 2: Bewegen, aus der Sicht des Lernens ist dieser Schritt das Training selbst
- Phase 3: Einfrieren, Umsetzung in die Handlungsveränderung der Akteure

In den neunziger Jahren des 20. Jahrhunderts wurde der Begriff der Lernenden Organisation geprägt, getragen von Peter Senge und einer Gruppe von Forschern am MIT (USA) und weiteren Vertretern wie Chris Argyris oder Donald A. Schön. Die Überlegungen in Richtung einer neuen Organisationsform, in der das Lernen im Mittelpunkt steht, bauen auf den Erkenntnissen Lewins und den Wegbereitern der Organisationsentwicklung auf. In diesem Zusammenhang wollen wir auf das Erlernen agiler Arbeitsprinzipien hinweisen, die, wie wir gleich sehen werden, vielversprechende Konzepte bereithalten.

Wenn es nun aber um eine orchestrierte Koordination der Vertriebsaktivitäten im Unternehmen geht, die vom Vorstand beschlossen und vom CDO in vielen verschiedenen Digitalisierungsprojekten umgesetzt wird, bleibt immer noch eine ungeschlossene Lücke. Denn, um die volle Kraft des Unternehmens auf dessen Vertriebsaktivitäten lenken zu können, braucht es jetzt umso mehr eine Koordinationsrolle, die Produktversprechen, Vertrieb, IT-Lösungen etc. aufeinander abstimmt – und dies nicht nur einmalig im Sinne einer Prozessoptimierung, sondern laufend. Denn neu gewonnene Kund:innen bringen unter Umständen neue Erwartungshaltungen mit, ebenso ändern sich, wie wir gesehen haben, die Gewohnheiten von Kund:innen und auch die von Mitarbeiter:innen kurzfristig.

Agile Organisationsformen, das bedeutet Organisationsformen, die sich nicht starr an bisher geübte und bekannte Strukturen halten und sich und ihre Teams flexibel organisieren, wären eine perfekte Antwort auf die leichtgängige innere Anpassung eines Unternehmens auf die sich stetig ändernde Umwelt. Sozusagen das Gegenteil der Reaktion eines Unternehmens, das aufgrund der wachsenden Bedeutung der Digitalisierung einfach eine neue Abteilung namens „Digitalisierungsabteilung" zu ihrer bestehenden Organisation hinzufügen. Man könnte gar vermuten, dass schon die Einteilung in die Kategorie „Abteilung" stärker auf die intendierte weitere Teilung und Abschottung hinweisen wollte.

Teams, die sich in erster Linie an Kundenwünschen und Projekten orientieren und nur einen kleinen Teil ihrer Aufmerksamkeit und Arbeitszeit mit Verwaltung verbringen, wären die passende Vorstellung zu den in diesem Buch vorgestellten Konzepten, denen es in erster Linie um eine kurze, gut abgestimmte Durchlaufzeit der Realisierung von Kundenanfragen geht und den Kund:innen in den Mittelpunkt der Aufmerksamkeit stellt. Der dadurch entstehende Wert sollte dann automatisch den größten Kundennutzen versprechen und im besten Fall auch die Zufriedenheit des

Personals optimieren, weil sich in aller Regel Kundennähe und das Gefühl, direkt am Produkt oder Service mitgearbeitet zu haben, positiv auf die Motivation auswirken. In ihrem Buch „Das Scrum-Prinzip, Agile Organisationen aufbauen und gestalten" plädieren die Autoren Gloger und Margetich für eine Ausweitung des Agilität-Prinzips von der reinen Projektentwicklung nach SCRUM-Prinzipien auf eine Entwicklung und Umgestaltung der gesamten Organisation und geben dazu entsprechende Handlungshinweise bzw. gehen auf beste Praktiken ein (Gloger und Margetich 2018).

Im Rahmen unserer Erfahrungen können wir nicht nur bestätigen, dass das Management agiler Projekte Erfolg verspricht, sondern dass die Erweiterung auf Abteilungs- und dann im Weiteren der Unternehmensorganisation ein zeitgemäßes und Erfolg versprechendes Konzept darstellt. Die Veränderung unserer klassischen Arbeitsweisen hat hier einen entsprechenden Beitrag zur Akzeptanz derartiger Konzepte geleistet. Nun gilt es, dieses aufbereitete Feld entsprechend zu bearbeiten.

> **Ihr Transfer in die Praxis**
> - Ein einziger Vertriebsprozess in einem Unternehmen ist meist zu wenig, es müssen unterschiedliche Ansätze „Hybrider Vertrieb" implementiert werden (Digital und Klassisch, oder unterschiedliche Ansätze im jeweiligen Modell).
> - Zur Weiterentwicklung in die neue Umgebung, muss eine Change-(Veränderungs-)Begleitung realisiert werden, um den Transformationserfolg abzusichern.
> - Generell ist Agilität, sprich flexible Anpassung, aufbauend auf den Ergebnissen der quartalsweisen Checks und der Jahresplanung wichtig.

Literatur

Gloger, Boris, und Jürgen Margetich. 2018. *Das Scrum-Prinzip. Agile Organisationen aufbauen und gestalten*, 2., akt. u. erw. Aufl. Stuttgart/Freiburg: Schäffer-Poeschel. https://www.schaeffer-poeschel.de/shop.

Hauer, Georg, Nadine Naumann, und Patrick Harte. 2021. Digital transformation challenges successful enterprises – an exploration of the collaboration of marketing and sales department in German organizations. *INMR* 18(2): 164–174. https://doi.org/10.1108/INMR-05-2019-0066.

Keith, Eades, et al. 2005. *The solution selling fieldbook*. New York: McGraw Hill. ISBN: 0-07-145607-4.

Kilian, Dietmar, und Peter Mirski, Hrsg. 2016. *Digital Selling: Erfolgreiche Strategien und Werkzeuge für B2B-Marketing und Vertrieb*. Wien: Linde Verlag GmbH. ISBN-13: 978-3714302967.

Walchshofer, Manuela, und René Riedl. 2017. Der Chief Digital Officer (CDO): Eine empirische Untersuchung. *HMD* 54(3): 324–337. https://doi.org/10.1365/s40702-017-0320-7.

5

Zusammenfassung und Ausblick

Kund:innen haben mehr Kontrolle über den Kaufprozess als je zuvor. Viele Unternehmen schaffen es nicht mehr, mit dieser Entwicklung schrittzuhalten. Nicht nur die neue Transparenz des Unternehmensangebotes, dessen Personal, sowie die Meinungen von hoffentlich zufriedenen Kund:innen, bringen gänzlich neue Herausforderungen mit sich. Dabei ist auch festzuhalten, dass die Reaktionszeit für die Unternehmen unvorteilhaft kurz ist. Unsere Erfahrung hat gezeigt, dass es einen eigens gestalteten Prozess benötigt, um die den Kund:innen zugewandten Aktivitäten im Unternehmen zu orchestrieren. Nicht nur, um offensichtliche Schwächen, wie beispielsweise Widersprüche in Angeboten etc. auszumerzen, sondern vielmehr, um ein ineffizientes Arbeiten zu verhindern. Und diese Ineffizienz ist insbesondere dadurch bedingt, dass sich sowohl die Umwelt, als auch die Kund:innen und das Unternehmen gleichzeitig, durch Digitalisierung angeheizt, verändern. So brauchen Vertriebsmitarbeiter:innen beispielsweise topaktuelle Arten von Marketing- und Vertriebsinhalten, die für die verschiedenen Phasen des Kaufzyklus geeignet sind. Diese müssen über verschiedenste, aufeinander abgestimmte Kanäle verteilt und die Reaktionen der Kund:innen entsprechend analysiert und beantwortet werden. Das hier vorgestellte Konzept des Sales Enablements geht weit über das elementare Sales-Management hinaus. Sales Enablement ist auch die Infrastruktur, die verschiedene Abteilungen miteinander verbindet und deren effiziente Zusammenarbeit gewährleistet. Seine Rolle ist subtil und für Kund:innen unsichtbar, aber Sales Enablement hat das Potenzial, das gesamte Kundenerlebnis unglaublich ansprechend und angenehm zu gestalten. Der Beitrag, den Sales Enablement zum Ergebnis beiträgt, wird intern durch die Bewertung spezifischer Kennzahlen sichtbar. Obwohl es jedoch allgemein klar ist, dass Sales Enablement einen positiven und starken langfristigen Einfluss auf die Produktivität des Vertriebs hat, bleibt eine große Frage offen:

> Wie können wir den tatsächlichen Einfluss aller Aktivitäten des Sales Enablements auf den Umsatz isolieren und messen?

Die Aktivität im B2B-Vertrieb hat sich aufgrund des allgemeinen Rückgangs der wirtschaftlichen Aktivität verlangsamt. Unternehmen sollten ihre Vertriebsmitarbeiter:innen auf neue, virtuelle Arbeitsgewohnheiten vorbereiten, die den Entwicklungen in der Zeit nach der Pandemie entsprechen. Das Aufkommen des/der „gut informierten Käufer:in" hat das Wesen des Vertriebs nachhaltig beeinflusst. Um konkurrenzfähig zu bleiben, sollten Unternehmen ihr Vertriebsteam mit den relevanten Informationen, Prozessen und Fähigkeiten ausstatten, damit das Beste gegeben werden kann. Sie sind ein entscheidender Faktor für Kund:innen, die einen Kauf tätigen, und sollten angemessen vorbereitet sein, um die Kundenzufriedenheit sicherstellen zu können. Abteilungen, die direkt, aber auch indirekt am Vertriebsprozess beteiligt sind, sollten als eine Einheit betrachtet werden und zusammenhängend funktionieren. Ihre Vorgaben und Ziele sollten in der Regel miteinander verknüpft und voneinander abhängig gestaltet sein. Es gibt viele variable Teile dieses generellen Konzepts, weshalb eine gut auf das Unternehmen durchdachte Sales-Enablement-Strategie notwendig ist. Die Säulen des Sales Enablements müssen zusammenarbeiten, um die Nutzung von Inhalten, das Prozessmanagement, die Schulungen, das Coaching und die Nutzung von Tools in der gesamten Vertriebsorganisation zu verbessern. Unser

Vorschlag ist es, ein eigenes, speziell geschultes Sales-Enablement-Team zu etablieren, das die Auswirkungen und Aktivitäten dieser Säulen auf die Vertriebseffektivität überwacht und nachsteuert. Vertriebsorganisationen sollten ihre Bemühungen darauf konzentrieren, Vertrauen und eine echte Verbindung zu ihren Kund:innen aufzubauen. Ein enger Verkaufsansatz kann sicherstellen, dass Ihr Unternehmen mehr Loyalität kreiert, um in herausfordernden Zeiten überleben zu können. Statten Sie Ihre Vertriebsmitarbeiter:innen mit einer kooperativen und offenen Denkweise, den entsprechenden Tools und Fähigkeiten und effizienten Prozessen aus, um Ihre Vertriebsleistung zu maximieren.

Sales Enablement ist nicht die Weiterentwicklung des klassischen Sales Managements, wie viele vielleicht denken. Sales Management ist ein eigenständiger Ansatz, der sich neu formiert und in den Unternehmensalltag Einzug halten wird. Wir erwarten allerdings eine Veränderung der Verantwortlichkeiten. Die richtige Expertise zu haben, die die enorme Menge der jetzt verfügbaren Sales-Technologielösungen zusammenbringen und mit kontinuierlichem Lernen kombinieren können, ist ein Muss. Viele Fachleute stehen vor der Herausforderung, effiziente und erfolgreiche Sales-Enablement-Prozesse aufzubauen, wissen aber nicht, wo sie anfangen sollen oder welche konkreten Schritte sie unternehmen sollen. Dazu lassen sich Unternehmen von anderen Unternehmen inspirieren, die ihre Reise zum Sales Enablement vor ihnen begonnen haben und die sich als Pioniere des Sales Enablements sehen. Um jedoch eine Sales-Enablement-Strategie aufzubauen, die den größten Mehrwert für das Kundenerlebnis bringt, müssen vor allem alle individuellen Faktoren berücksichtigt werden, die ein Unternehmen von der Konkurrenz unterscheiden. Die beste strategische Wahl ist die Umsetzung einer erfolgreichen Sales-Enablement-Strategie mit funktionsübergreifender Kompetenz zur qualifizierten Koordination aller Abteilungen, die direkt und indirekt an der Umsatzerzeugung beteiligt sind. Diese Reise ist nicht bequem und benötigt ebenfalls Zeit, bevor sie die erwarteten Vorteile bringt.

Aber sobald der Prozess richtig eingerichtet ist und ein angemessenes Engagement und Autorität vorhanden sind, wird Sales Enablement das entscheidende Unterscheidungsmerkmal liefern. Dieser Faktor, wird das Zünglein an der Waage darstellen und den langfristigen Erfolg eines Unternehmens sichern.

Anhang

Die beispielhafte Sales-Enablement-Canvas von MABAU

Anhang

Beispiel: SALES-ENABLEMENT-CANVAS MABAU

AKTUELLE HERAUSFORDERUNGEN DER KUNDEN	
KUNDEN HERAUSFORDERUNGEN	**FIRMENINTERNE HERAUSFORDERUNGEN, DIE SICH AUF KUNDEN AUSWIRKEN**
Wachstum bei vielen Kunden und neue Projekte und Anforderungen. Neukunden müssen gewonnen werden.	*Einige Produktbereiche können nicht geliefert werden. Es wird am Ausbau der Produktion gearbeitet. Andere Produkte können geliefert werden.*

Wo ist Ihr kunde durch ineffiziente, unklare oder ... kommunikation oder Zusammenarbeit beeinträchtigt?

(interne) KUNDEN von S.E.	STAKEHOLDER	MANAGEMENT von S.E.
Alle Bereiche speziell Geschäftsführung, Marketing, Produktentwicklung und die Produktion	Vertrieb, Marketing, Produktentwicklung	Geschäftsführung und Stabsstelle
Wer profitiert von S.E. oder ist der Empfänger von S.E.?	*Wer ist an der Entwicklung der S.E-Aktivitävten beteiligt?*	*Wer ist der verantwortliche Treiber von S.E.?*

STRATEGISCHE ZIELE des UNTERNEHMENS - inkl. KPIs	STATEGISCHE ZIELE von VERTRIEB und MARKETING - inkl. KPIs
Wachstum in allen Produktbereichen um mehr als 20% im nächsten und den Folgejahren. Entwicklung neuer Märke und neue Produkte.	*Ausbau bestehender kunden mit bestehenden und neuen produkten. Gewinnung neuer kunden und neuer Märkte*
Welches sind die definierten strategischen Ziele des Unternehmens und wie werden sie gemessen?	*Welches sind die definierten strategischen Ziele von Sales & Marketing und wie werden sie gemessen?*

SALES ENABLEMENT VISION	SALES ENABLEMENT STRATEGIE & KPIs	
	FÜHRUNG & STRATEGIE	TRAINING / COACHING / PROZESSE
MABAU als ganzheitliches Sales Enablement Unternehmen in dem alle Bereiche konsequent gemeinsam bestehende und neue kunden erfolgreich betreuen.	Geschäftsführung und die Bereichsleitungen arbeiten konsequent an der Weiterentwicklung auf Basis einer klaren strategischen Planung und Messung der Ergebnisse und einer spürbaren Vorbildfunktion.	Training der Mitarbeiter im Vertrieb im Umfeld Hybrider Vertrieb. Training auch im Bereich Marketing und Produktentwicklung im Umfeld Social Media Marketing und Design Thinking. Laufende Verbesserung der Prozesse mit KAIZEN. Coaching über die Führungskräfte und deren Ausbildung.
SALES ENABLEMENT MISSION	*Welche Maßnahmen sollten von Führung und Strategie ausgehen?*	*Welche Trainings, Coachings und neuen Prozesse sind notwendig?*
	METHODEN & SOFTWARE	INHALTE
In den nächsten 3 Jahren ist Sales Enablement erfolgreich im Unternehmen ganzheitlich implementiert und es besteht ein klares Konzept zur kontinuierlichen Weiterentwicklung.	Sales Enablement und Kontinuierliche Verbesserung Aktive Nutzung der CRM Lösung Ausbau Business Intelligence und Datenanalyse Prüfung von KI im Datenanalysebereich	• Hybrider Vertrieb und Optimierung der Vertriebsprozesse • Social Media Marketing • Design Thinking • KAIZEN • Coaching und Coaching Ausbildung
	Welche Hilfsmittel unterstützen die S.E. Aktivitäten?	*Which internal/external content do you provide?*

The manufacturer's authorised representative in the EU is Springer Nature Customer Service Centre GmbH, Europaplatz 3, 69115 Heidelberg, Germany. If you have any concerns regarding our products, please contact ProductSafety@springernature.com

Printed and bound by CPI Group (UK) Ltd, Croydon, CR0 4YY

25/03/2026

02078182-0008